CW01658695

Charles Gave

Des lion menés par des ânes

Essai sur le crash économique
(à venir mais très évitable)
de l'Euroland en général
et de la France en particulier

INSTITUT DES LIBERTÉS

LE MOMENT EST ARRIVÉ

www.institutdeslibertes.org

Au femmes de ma famille

"Dieu dans son infinie sagesse n'a pas donné le sens de l'humour aux femmes pour qu'elles aiment les hommes au lieu d'en rire"

George Bernard Shaw

Sommaire

DEUXIÈME PARTIE: La recherche du criminel, ou "Élémentaire, mon cher Watson"

Introduction

« *Les économistes ont été créés pour que les astrologues aient l'air sérieux.* »

(anonyme)

Commençons par une anecdote : début 1983, au moment où existaient en France des contrôles des changes, des prix, des salaires, du crédit et où les banques venaient d'être nationalisées, l'auteur avait écrit une série d'articles soulignant que les réserves de change de la Banque de France fondaient comme neige au soleil, que les Etats-Unis suivaient une politique monétaire très restrictive et la France une politique laxiste, et donc que le franc allait sauter. Ce qu'il fit en mai de la même année.

Convoqué à l'Elysée pour explications - Cassandre est une mauvaise citoyenne - et reçu par un des éminents conseillers économiques du président, il développa ses jolis graphiques et ses raisonnements imparables.

L'important personnage écouta fort poliment, ne prit aucune note et conclut la réunion en déclarant :

— *Mais enfin, monsieur, si quelqu'un y comprenait quelque chose, nous le saurions.*

C'est en pensant à ce profond génie, vingt ans plus tard, que l'auteur a pris la décision d'écrire cet ouvrage.

Certes, nul ne peut prévoir l'avenir (ce qui rend la vie intéressante), et les économistes qui prétendent le contraire se couvrent de ridicule avec une belle régularité. Si cela était possible l'ex-Union soviétique serait la principale puissance mondiale puisqu'elle était fondée sur le « socialisme scientifique » - qui n'est rien d'autre que cette croyance. La dernière fois que nous avons regardé vers l'Est, il nous est apparu que ce socialisme n'avait guère d'avenir. (Il n'en avait jamais eu et ça, c'était facile à prévoir.)

Cela condamne-t-il à l'insignifiance l'économie et les économistes, comme le pensait notre homme de l'Elysée qui, parce qu'il n'avait rien compris alors qu'il avait toujours été premier à l'école, en concluait que rien n'était compréhen--sible ?

Absolument pas, car incapacité de prévoir ne signifie pas incapacité de comprendre…

Contrairement à ce que pensent beaucoup d'économistes, l'économie n'est pas une branche des mathématiques, encore moins de la psychologie ou, comme le pensent bien des observateurs neutres, de l'astrologie.

C'est tout simplement le dernier avatar de la logique, branche de la philosophie, que nous avons hérité de nos ancêtres grecs.

L'économie n'est rien d'autre qu'une application de la logique aux activités purement humaines de création, de distribution et de transfert de la richesse entre générations.

Or que nous enseigne la bonne vieille logique aristotélicienne ?

La logique nous enseigne qu'il existe des causes et des conséquences.

Par exemple, que celui qui fume trois paquets de cigarettes par jour réduit la durée de sa vie de vingt ans - en moyenne.

Certes, nous connaissons tous des fumeurs qui sont morts centenaires, mais la réduction de l'espérance de vie du fumeur reste néanmoins une vérité statistique.

Le lien entre la cause -l'acte de fumer- et la conséquence - la probabilité d'un décès prématuré - a été établi de façon scientifiquement incontestable, pour tout le monde, sauf pour les industries du tabac, bien entendu.

Après plus de deux cents ans d'observations, d'expérimentations, de comparaisons, il est tout à fait possible aujourd'hui d'identifier un certain nombre de « binômes économiques » - causes-conséquences -, qui ne devraient même plus être discutés, tant la masse statistique prouvant le sens de la relation est écrasante.

Et pourtant, de nombreux politiciens, commentateurs, intellectuels, dignes compagnons de notre homme de 1983, continuent de soutenir que la Terre est plate et qu'il existe une biologie soviétique[1], c'est-à-dire qu'ils refusent, à partir d'*a priori* idéologiques ou culturels, la réalité incontournable des *faits*.

---

[1] Nous faisons bien sûr allusion à Lyssenko qui "démontra" sous les applaudissements du PCF qu'il existait une biologie stalinienne et une biologie capitaliste.

Ce refus des faits est courant chez les intellectuels. Pour s'en convaincre, il suffit de rappeler le procès fait à Kravchenko par *Les Lettres françaises* après la publication de *J'ai choisi la liberté* ou de l'enthousiasme après la publication de *L'Archipel du Goulag* de Soljénitsyne.

Un exemple précis nous vient à l'esprit : parmi bien d'autres, le journaliste Jean Lacouture nia pendant longtemps la *réalité* du génocide khmer, alors que les faits devenaient de plus en plus évidents. Bien des années après, il fournit comme explication à cette cécité que la campagne de dénonciation des crimes avait été menée par... *Le Figaro* (journal de droite), et qu'en conscience il n'avait pu s'y associer…

Dans le domaine de la réflexion et de la compréhension économiques, en France, en Italie, en Allemagne, une telle attitude de *refus des faits* se porte en sautoir comme la croix de guerre après 1914-1918.

Ce qui est extraordinaire, c'est que beaucoup de ces intellectuels sont « fiers » de leur obscurantisme.

« Plutôt avoir tort avec Sartre que raison avec Raymond Aron »,

telle est leur devise.

Il ne faut pas s'en étonner, car c'est aussi une vieille attitude des milieux cléricaux :

« Plutôt avoir tort avec le pape que raison avec Galilée. »

(En plus, c'est beaucoup moins dangereux.)

Un mot sur la méthode

« Un bon croquis vaut mieux que cent discours. »

(Napoléon)

L'auteur a eu sa sensibilité politique formée par le « schtroumpfissime » de Peyo, impérissable analyste de l'élection présidentielle française, et son sens des responsabilités parentales déterminé par le « nid des marsupilamis » de Franquin.

Bien qu'incapable de dessiner, il a pensé cependant à ces exemples illustres et l'idée lui est venue de représenter ses idées de façon imagée.

Notre méthodologie sera donc visuelle.

Nous utiliserons deux sortes d'images.

1. Tout d'abord, les graphiques comparatifs :

Ici, le but n'est pas d'expliquer, mais simplement de constater.

Le graphique suivant permet de constater que depuis vingt ans la création de richesse (PNB) a été plus forte aux Etats-Unis qu'en Grande-Bretagne, et plus forte en Grande-Bretagne qu'en France.

Pour ce type de graphiques, et pour éviter l'inévitable accusation de manipulation de données, nous procéderons toujours de la même façon.

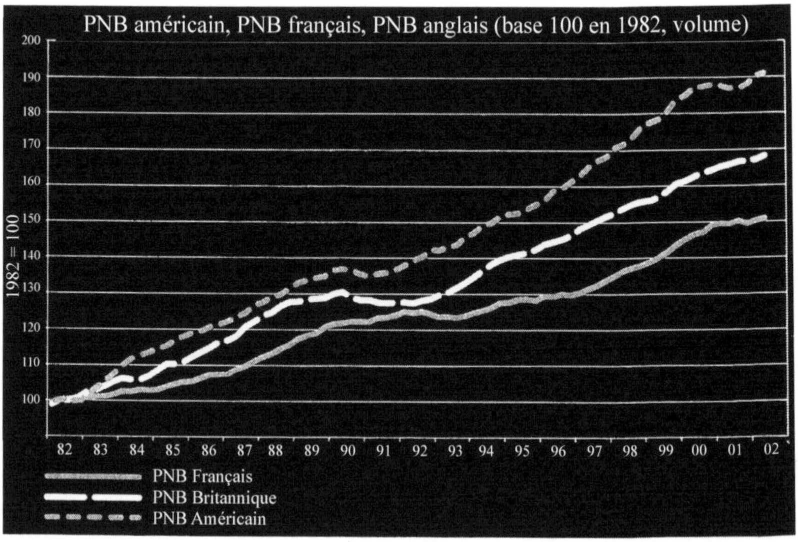

Nous mettrons tous les chiffres : soit base 100 dans l'année du début du graphique, soit en chiffres absolus tels qu'ils sont publiés…

2. Ensuite les graphiques explicatifs, représentant l'un de ces binômes - causes-conséquences - que nous avons évoqués plus haut.

Prenons un exemple simple : la relation qui unit la croissance économique italienne et les dévaluations de la lire (aujourd'hui l'euro) par rapport au dollar.

Depuis bien longtemps, la seule façon pour l'Italie de connaître une croissance économique satisfaisante a été de dévaluer sa monnaie (la ligne en pointillés montant sur le graphique suivant). Sans dévaluation, pas de croissance.

Ce fait est non discutable. Ce n'est pas une prévision, c'est un *constat*.

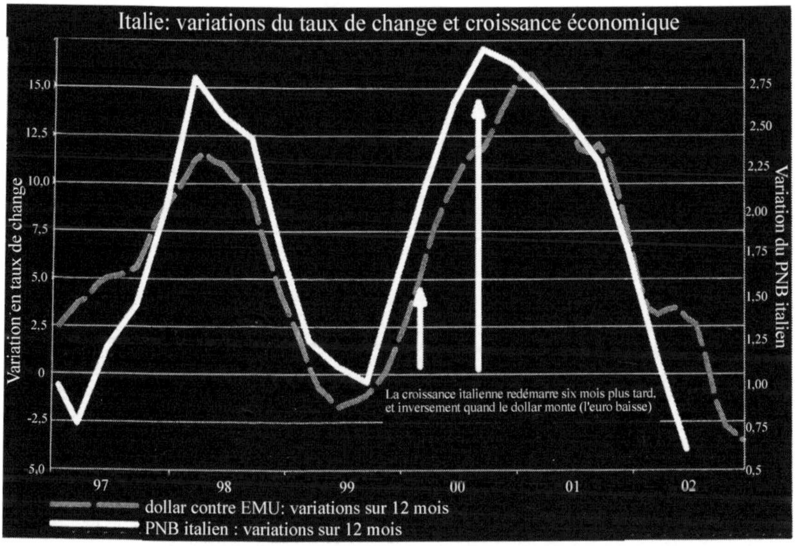

Si les prix des produits italiens baissent (à cause de la dévaluation), les Etats-Unis (et les autres pays) en achètent davantage. (Après tout, si le prix de la chambre d'hôtel baisse à Rome, les gens iront visiter la Ville éternelle plus facilement.)

La beauté d'un graphique comme celui-ci est que l'on résume l'histoire économique en une image. Que le lecteur imagine simplement l'ennui qui se dégagerait d'un tableau de chiffres juxtaposés ou, pis encore, de deux.

Devant ces graphiques, trois attitudes sont intellectuellement envisageables :

- *On fait dire ce que l'on veut aux statistiques.*

Pour répondre à cette critique, nous procéderons toujours de la même façon : la cause sera sur l'échelle de gauche, en variations sur douze mois, la conséquence sur l'échelle de droite, en variations sur douze mois également. Le délai de réponse entre la cause et la conséquence sera mentionné chaque fois. Nous débuterons tous les graphiques en 1982 ou en 1992 (il y a vingt et un ans ou onze ans), sauf si nous ne pouvons pas le faire, les statistiques n'étant pas disponibles. En maintenant la même grille de lecture tout du long, la probabilité de pouvoir manipuler tous les graphiques à la fois est égale à zéro…

- *Les choses sont beaucoup plus compliquées que vous ne le dites.*

C'est l'habituelle excuse du technocrate de base pour refuser d'engager la discussion. Toute l'histoire du xxe siècle a montré que la technocratie menait de désastre en désastre, mais toujours de façon rationnellement satisfaisante. Si, à la fin de ce petit ouvrage, le lecteur a toujours l'impression que les technocrates savent quelque chose qu'il ne sait pas, alors nous aurons échoué…

- *C'est amusant, j'aimerais en savoir plus.*

La seule attitude réellement scientifique, pour trois raisons :

1. la première est qu'acquérir des connaissances est amusant ;

2. la deuxième, que l'apprentissage de ces connaissances doit rester un processus dynamique ;

3. la troisième, que cesser d'apprendre c'est mourir.

Le but de cet ouvrage est donc très simple :
Nous allons montrer tout d'abord que l'Euroland (ou zone euro) et la France ne vont pas bien[2].

---

[2] Toutes nos statistiques et manipulations graphiques lors de la première édition proviennent de la banque de données suédoise ECOWIN.

Dans une deuxième étape, nous essaierons d'expliquer pourquoi.

Nous voulons établir la réalité des faits et faire un travail « aronien » (et « aristotélicien »).

Mettre en œuvre des solutions suppose d'abord un accord sur la nature des problèmes et relève du politique.

S'il n'y a pas eu au préalable un accord sur le diagnostic, si l'on ignore de quoi souffre le patient, on se retrouve dans la situation des médecins de Molière répétant : « Le poumon, vous dis-je, le poumon. »

Aussi allons-nous consacrer tous nos efforts à l'établissement du diagnostic, et à rien d'autre.
Bien entendu, nous commencerons presque toujours par un constat, suivi ensuite d'une explication.

La solution, encore une fois, relève du politique, et du politique seul.

Ces remarques « méthodologiques » faites, nous pouvons commencer, sachant qu'Attac ou *Le Monde* ne pourront nous accuser de mauvaise foi, ce qui, bien entendu, nous importe énormément.

Première partie

Le Constat

"Hier, nous étions au bord du gouffre, aujourd'hui nous avons fait un grand pas en avant."

Maréchal de Mac-Mahon

Chapitre I

Une étrange perte de vitesse, ou la France dans un trou d'air

"Ce n'est pas tout de réussir dans la vie, encore faut-il que vos amis échouent."

Sacha Guitry

D'une certaine façon, la croissance de l'économie peut être comparée à la trajectoire d'un avion. Il y a des vitesses où l'appareil est stable et des vitesses où il ne l'est pas.

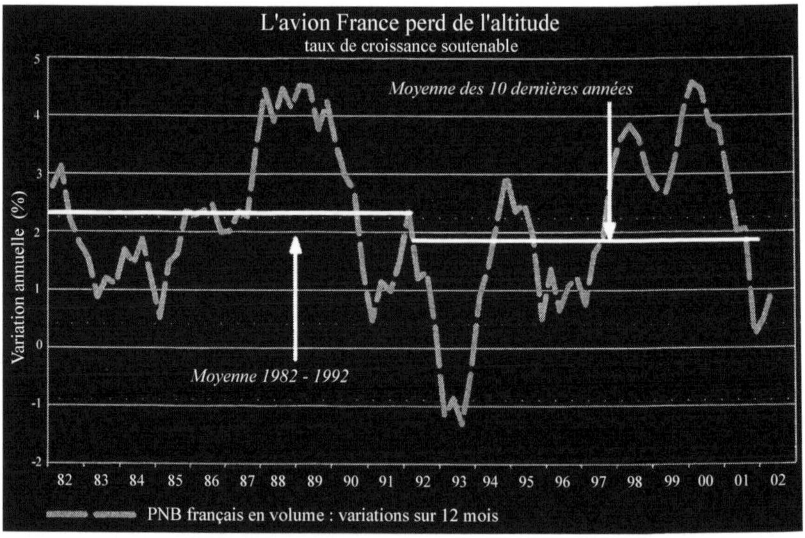

Si l'avion perd de la vitesse, un décrochement soudain peut se produire et nous avons un « crash »...

La vitesse de croisière de la France diminue : de 1982 à 1992, le taux de croissance du pays a été de 2,2 % par an, en moyenne. De 1992 à 2002, ce même taux est passé à 1,8 %.

Qu'est-ce qu'un demi-point entre amis ?

Tout au plus un million de chômeurs de plus.

Pas vraiment de quoi s'alarmer, surtout si l'on est haut fonctionnaire.

Ce phénomène de baisse du taux de croissance est-il général ?

Absolument pas, bien au contraire, comme le montre l'exemple de la Grande-Bretagne qui, depuis dix ans, a gagné un demi-point de croissance (alors que la France, l'Allemagne et l'Italie en perdaient autant ou plus.)

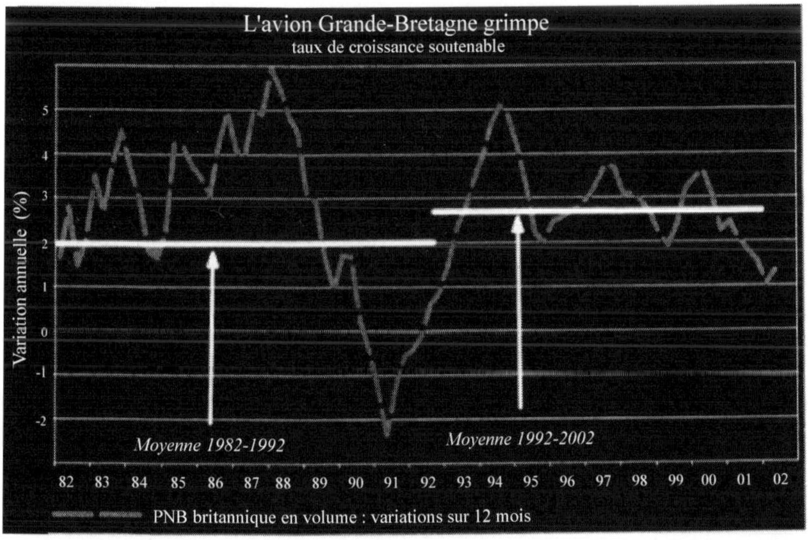

Prenons un autre exemple, celui des Pays-Bas, qui n'ont pourtant pas la réputation de pratiquer une forme de capitalisme particulièrement sauvage.

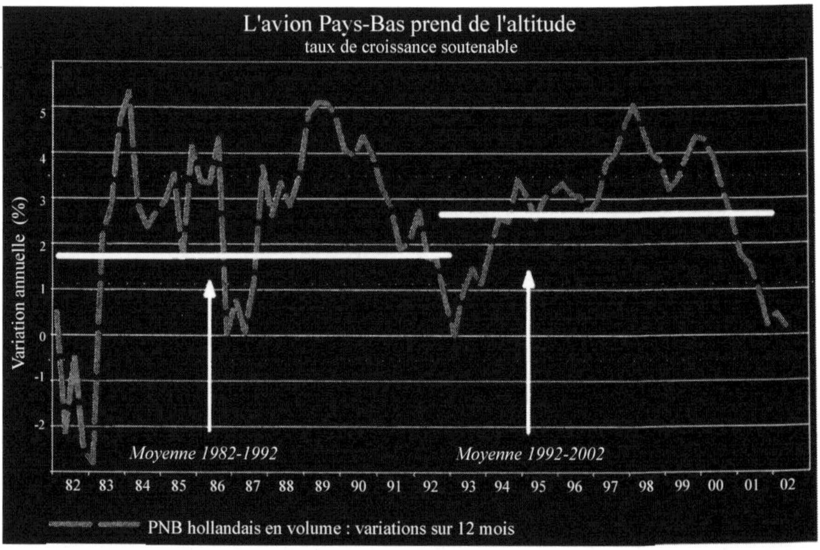

Ils ont gagné près de trois quarts de point…

Commettons maintenant le crime suprême, citons l'exemple américain (« L'antiaméricanisme est le socialisme des imbéciles[3] », disait de Gaulle, qui était expert en la matière).

Non contents d'avoir connu une croissance insolente pendant les années Reagan (aux alentours de 3 % par an) et ce, malgré l'avis autorisé de tous les spécialistes (on se souvient des déficits budgétaires américains de l'époque censés entraîner le monde à sa perte), les Etats-Unis ont osé faire en sorte que cette croissance s'accélère à nouveau dans les années 90 et que son taux atteigne près de 3,5 %.

On n'a pas idée d'être aussi agaçants.

[3] Si le lecteur veut se faire plaisir, il doit lire à ce sujet le dernier livre de Jean-François Revel : L'Obsession antiaméricaine. Plon.

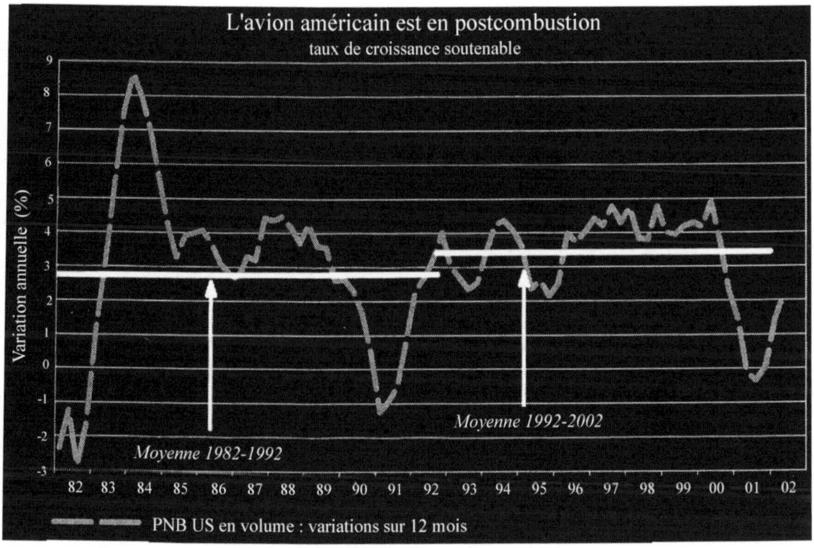

Et ils se demandent pourquoi ils sont impopulaires...
Le constat est donc :

Durant les dix dernières années, dans un monde où la croissance avait tendance à s'accélérer, la France, l'Allemagne et l'Italie ont lentement et sûrement perdu des points.

On frémit à l'idée de ce qui pourrait advenir si l'économie mondiale connaissait une période de faible croissance, voire de récession, et si, au lieu de courants ascendants, on ressentait soudain des pressions descendantes...

Il est à craindre que, dans un tel scénario, nous n'ayons un soudain décrochement et que l'avion rhénan (on se souvient du célèbre *Capitalisme contre capitalisme* de

Michel Albert[4]) ne parte en feuille morte, une figure acrobatique dont bien peu de pilotes savent tirer leur appareil.

Compte tenu de la qualité de ceux qui sont aux commandes depuis bientôt vingt ans et qui ressemblent passablement aux Dupont et Dupond de *L'Île noire* de Hergé, la probabilité d'une ressource miraculeuse apparaît faible, très, très faible.

Pour que le redressement ait lieu, il faut que les bonnes mesures aient été prises, ce qui suppose qu'au préalable l'analyse ait été faite.

Comme l'analyse est toujours absente, on voit mal par quel miracle les bonnes mesures pourraient être prises.

Cependant, avant de faire l'effort d'explication, nous devons poursuivre notre constat pour déterminer qui (ou quoi) est pénalisé par cette contre-performance durable.

S'il y a eu crime, où sont les victimes ?

Ensuite, nous rechercherons les criminels...

---

[4] L'idée de ce livre était d'opposer le capitalisme anglo-saxon, fondé sur la confrontation, aux capitalisme japonais ou allemand ancrés dans la concertation sociale. Dix ans après, le résultat est clair…

Chapitre II

Victimes à plaindre : ceux qui cherchent un emploi

"Si on paie ceux qui ne travaillent pas,
et si on impose ceux qui travaillent, il
ne faut pas s'étonner si le chômage augmente."

Milton Friedman

En 1981, après le deuxième choc pétrolier, la France, la Grande-Bretagne, l'Italie, les Etats-Unis avaient tous un chômage atteignant 7 % de la population active.

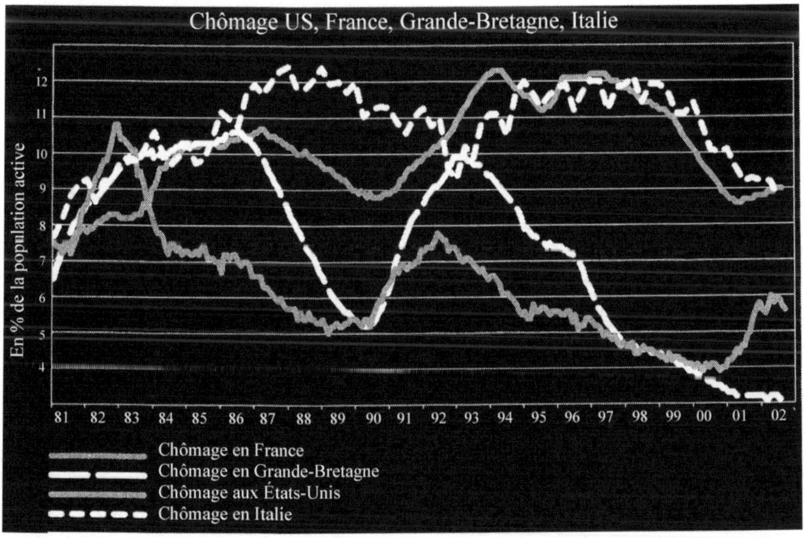

Vingt ans plus tard, nous sommes à :

- 3 % au Royaume-Uni ;
- 6 % aux Etats-Unis après 4 % il y a un an (et 33 millions d'émigrés acceptés depuis dix ans !) ;
- 9 % en France et en Italie.

Pourquoi certains pays ont-ils réussi tandis que d'autres allaient d'échec en échec et cela depuis trente ans[5] ?

Certes, beaucoup perdent leur emploi pendant les périodes de récession aux Etats-Unis et en Grande- Bretagne, mais ils en retrouvent un rapidement lorsque l'économie redémarre, si bien que chaque nouvelle pointe et chaque nouveau creux du chômage sont plus bas que les précédents.

Rien de tel pour l'Europe rhénane.

Qui plus est, la durée de la période de chômage est importante : il est en effet psychologiquement beaucoup plus pénible, pendant un ralentissement économique, d'être un chômeur de longue durée qu'un chômeur temporaire.

A ce second titre, l'échec européen est tout aussi patent.

Depuis 1995, le chômage de longue durée a doublé en Allemagne et baissé des trois quarts aux Etats-Unis, avant de remonter durant le récent ralentissement. On ne peut imaginer de pièce à conviction plus accusatrice pour les gouvernements de la zone euro…

On est mauvais sur le long terme, mais peut être négocions-nous bien les mouvements courts ? Nuls sur la distance, mais bons en sprint ?

En d'autres termes, qu'en est-il de la création cyclique des emplois dans les périodes favorables ?

Prenons l'exemple de deux vieux pays européens - les deux plus vieux en fait -, la France et la Grande-Bretagne, et essayons de répondre à la question suivante : lorsque nous bénéficions de courants ascendants dans l'économie

[5] Depuis 1974, les États-Unis ont créé 55 millions d'emplois, l'Europe rhénane 5 millions…

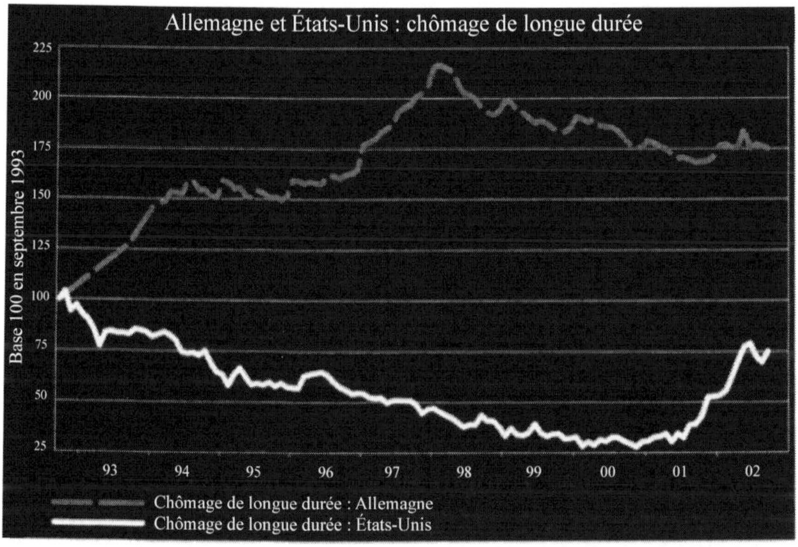

mondiale (forte croissance économique en dehors de la zone européenne), qu'en est-il de la création d'emplois dans ces deux pays ?

La réponse apparaît ci-dessous :

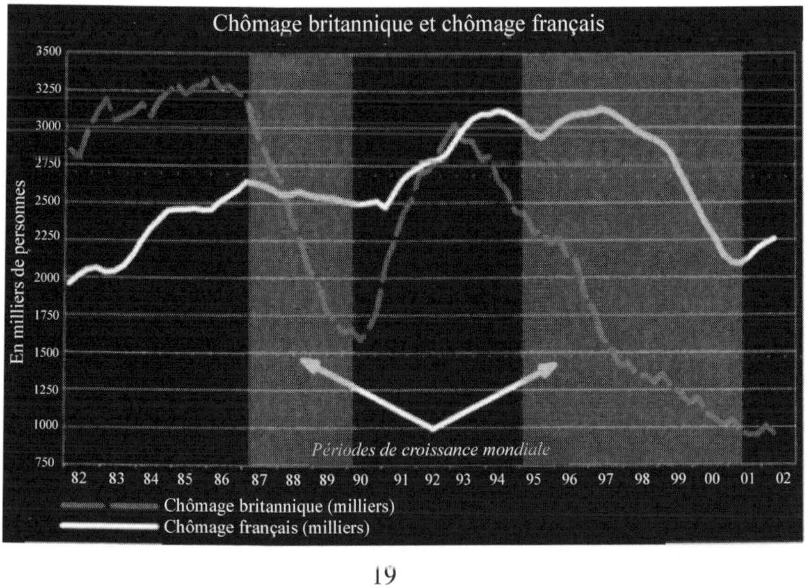

Dans les périodes hachurées en gris clair, de forte croissance économique mondiale, le chômage britannique baisse TROIS FOIS PLUS VITE que le chômage français.

Résultat : en vingt ans, le nombre des chômeurs britanniques a diminué de deux millions tandis que le nombre des sans-emplois en France augmentait de deux cent cinquante mille.

C'est tout simplement honteux.

La question suivante devrait être : pourquoi ces différences ?

Avant d'y répondre il faut essayer de déterminer les moments où le chômage a baissé dans les pays rhénans. (De façon temporaire, hélas, mais toute amélioration est bonne à prendre.)

Quand avons-nous eu des réductions du chômage ?

La réponse apparaît simpliste, et nous nous en excusons : il n'y a eu de réduction du chômage *que s'il y a eu une croissance de l'emploi*. Le taux de corrélation est de 97 %, ce qui laisse 3 % aux choses essentielles comme le « partage du travail », si cher à tant d'incompétents.

La question de fond n'est donc pas : *Quand avons- nous eu des baisses du chômage ?* mais *: Quand avons-nous connu une hausse du nombre de gens au travail ?*

(Nous essayons de remonter à la cause première, chère aux bons maîtres qui ont essayé de nous éduquer et qui doutaient beaucoup du résultat final.)

La réponse est là encore toute de bon sens. (Hélas ! est-on tenté d'ajouter...)

L'emploi dépend *uniquement* de la croissance économique, comme l'illustre notre graphique suivant, qui montre la relation entre la croissance économique et la création d'emplois (l'inverse du chômage) :

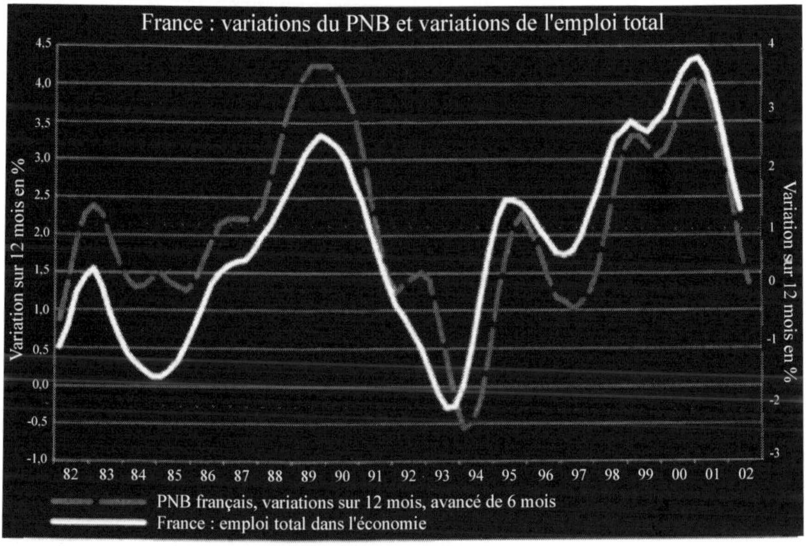

Les variations de l'emploi suivent les variations de la croissance avec un délai de six mois. En termes simples, six mois après le déclenchement d'un ralentissement, l'emploi baisse, six mois après le début d'une reprise, la situation s'améliore.

Le mouvement n'est pas de l'emploi vers la croissance, *mais de la croissance vers l'emploi.*

L'emploi est un résultat, une conséquence, et non pas une cause.

Ce n'est pas la création d'emplois qui crée la croissance, mais l'inverse.

La cause unique de l'absence d'emplois est une insuffisance de croissance

Si depuis vingt ans, en Europe et en France, les demandeurs d'emploi souffrent, c'est que la croissance économique y a été insuffisante.

Le partage du travail est une ânerie et l'a toujours été, comme ne cessait de le clamer l'un des meilleurs économistes que la France ait jamais eus, Alfred Sauvy, qui se revendiquait de gauche.

Léon Blum lui ayant demandé de faire partie de son cabinet, il avait répondu qu'il hésitait parce qu'à l'évidence le président du Conseil du gouvernement de Front populaire ne connaissait rien à l'économie. Ce à quoi, irrité, Léon Blum avait répondu : « Mais enfin, si j'y connaissais quelque chose en économie, je ne serais pas socialiste... »

Comme disent les Anglais : *From the horse's mouth.*

La croissance crée *l'emploi.* L'*emploi* artificiel (ou partage du travail) ne crée rien du tout. Comme les Ateliers nationaux l'avaient déjà montré en 1848.

De cette malédiction, ceux qui cherchent du travail sont les premières victimes - à la fois les plus innocentes et les plus vulnérables. Mais il y en a d'autres...

Chapitre III

Victimes qui ne devraient pas se plaindre : ceux qui ont un emploi

"Nous faisons semblant de les payer, et ils font semblant de travailler."

Brejnev à Nixon, qui s'étonnait de la faible productivité des travailleurs soviétiques.

Ici, nous allons avancer ce qui nous semble une vérité incontournable : la plupart des gens travaillent dans l'espoir de gagner de l'argent. (Et si nous prenons la « dérivée première » de cette proposition, l'analyse « marginale » chère aux économistes autrichiens, la plupart des gens sont prêts à travailler PLUS pour gagner PLUS.)

Si le lecteur n'accepte pas cette proposition, et s'il est prêt à travailler sans être payé, nous lui demandons de se mettre en rapport avec nous toutes affaires cessantes.

Dans cet esprit, nous l'invitons à considérer les graphiques suivants : base 100 en 1992, le salaire réel (c'est-à-dire compte tenu de l'inflation) britannique est à 130 tandis qu'en Allemagne il est à 105.

Pas brillant pour nos cousins teutons.

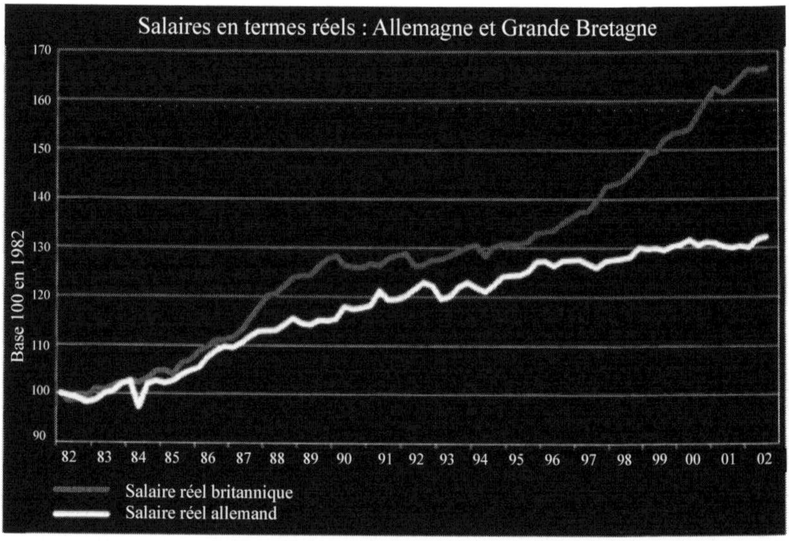

Qui plus est, si nous prenons la croissance de ce salaire réel depuis quatre ans nous arrivons au résultat suivant :

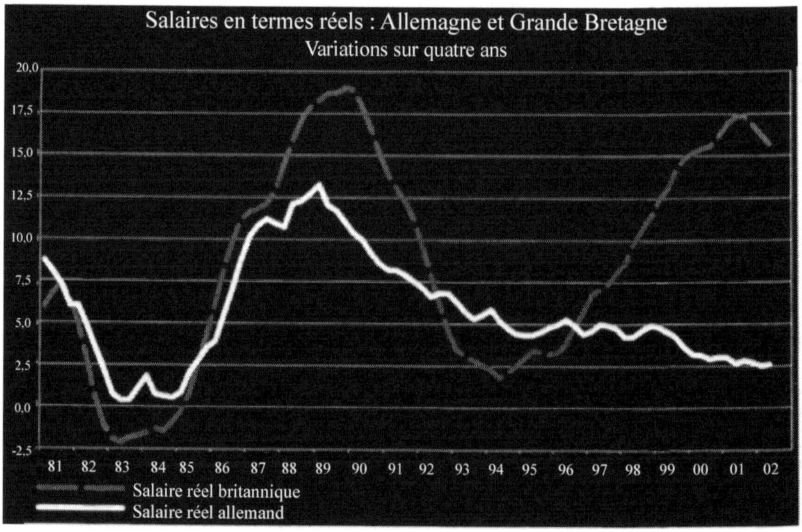

Quasiment aucune croissance de salaire réel en Allemagne depuis quatre ans.

Ce qui veut dire en termes simples que l'Allemand moyen n'a pas plus d'argent à dépenser qu'il y a quatre ans.

Et chacun de se demander pourquoi il n'y a aucune hausse des dépenses de consommation outre-Rhin !

Qu'en est-il de notre pays ? La situation y est à peu près similaire.

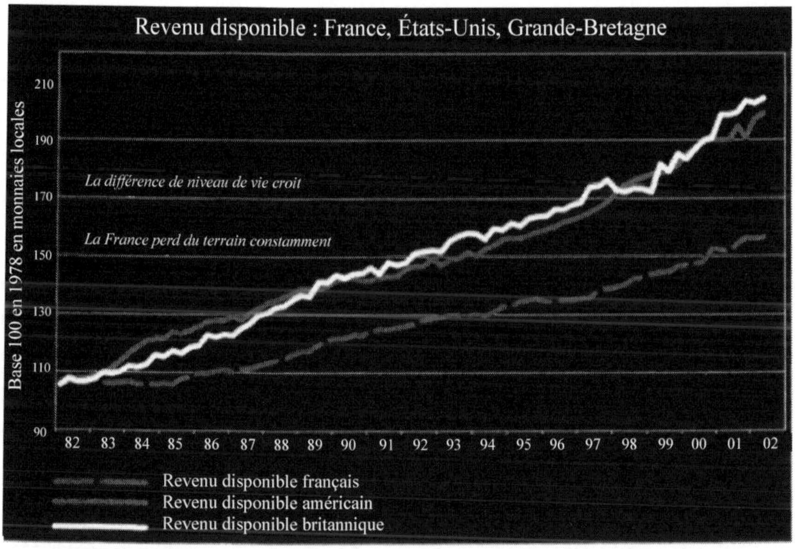

Base 100 en 1978, le revenu disponible réel (c'est-à- dire le pouvoir d'achat du Français moyen) est aujourd'hui à 150.

L'Anglais et l'Américain moyens ont vu leurs niveaux de vie respectifs doubler pendant la même période. (Ils sont proches de 200 sur notre graphique.)

Quand on sait que, au cours des vingt années précédentes, le revenu français avait connu une croissance bien supérieure à ses deux concurrents, on se gratte la tête…

Cette différence de croissance des revenus se traduit fort naturellement par une différence dans les niveaux de consommation entre, par exemple, la France et la Grande-

Bretagne, d'une part, ou les Pays-Bas d'autre part (voir graphique suivant).

Cela paraît logique : sur le long terme, il est difficile de dépenser plus que ce que l'on gagne.

Comme les Français ont gagné moins que les Britanniques ou les Bataves, il est normal qu'ils aient moins à dépenser.

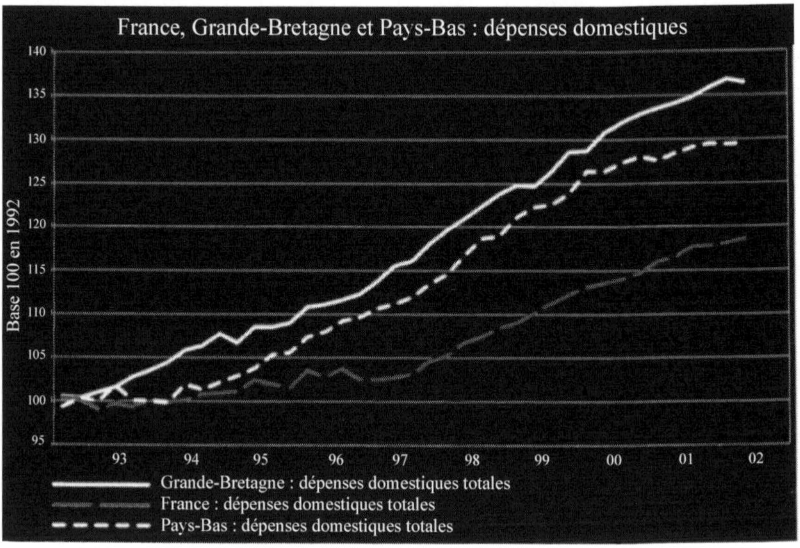

Aucun souci : nos chères élites, qui sont fort instruites, ont la solution au problème de la faible croissance. (Si c'était vrai, on se demande pourquoi le chômage a baissé partout, sauf chez nous. Ils ont dû rater quelque chose dans l'explication.)

Il existe une espèce de vulgate keynésienne, propagée par de médiocres professeurs d'économie et les dinosaures de l'interventionnisme étatique, qui peut se résumer ainsi :

« Il faut aider les Français à dépenser de l'argent qu'ils n'ont pas gagné pour relancer la croissance en stimulant la “consommation populaire” (augmentation de salaires non gagée par des accroissements de productivité), ou mieux encore, il faut consommer à leur place en favorisant la consommation de biens et services par l’État (embauche de fonctionnaires et déficits budgétaires). »

Voilà une théorie séduisante politiquement, et dont le bien-fondé a été clairement démontré par les grands succès enregistrés par l’Union soviétique.

Mais un doute affreux vient soudain s’insinuer dans notre esprit.

Nous avons déjà montré dans les pages précédentes que la *croissance* de la production *créait* et *précédait* l’emploi (et donc le revenu disponible). Se pourrait-il que la production précède aussi la consommation ? Mais si c’était le cas, la vulgate keynésienne aurait tort ! Vérifions (avec angoisse)

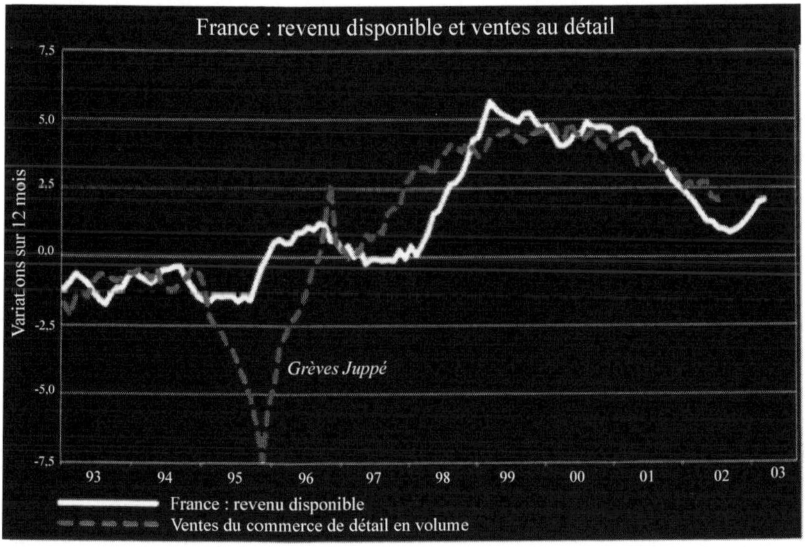

Ciel !

Le revenu disponible (l'emploi) précède la consommation *d'un an.*

Et comme la production précède l'emploi...

il doit s'ensuivre en bonne logique aristotélicienne que la production doit précéder la consommation...

Toutes les politiques de relance par la demande et la consommation populaires, chères au Parti socialiste et au Parti communiste français, ne seraient donc que foutaises ?

Eh oui...

Une question cependant se pose : si ça ne marche pas, pourquoi cette popularité qui ne se dément pas ? La réponse est, hélas, toute simple : Keynes a apporté une justification *théorique* à l'intervention de l'Etat, comme l'avait très bien montré Hayek[6]...

La différence entre Keynes et les keynésiens, c'est que Keynes savait mieux que quiconque que la croissance vient des entrepreneurs, et uniquement des entrepreneurs. Lorsqu'un choc exogène (guerre, catastrophe naturelle, épidémie...) se produit, l'Etat doit intervenir pour rétablir l'équilibre dans la mesure où ce facteur extérieur ne peut pas être intégré par les preneurs de risque.

Keynes justifiait donc l'intervention de l'Etat dans des circonstances exceptionnelles pour rétablir les conditions qui permettent à la croissance de redémarrer, par l'intermédiaire des entrepreneurs.

---

[6] Les oeuvres de Hayek ont été l'aboutissement de toute une école de pensée économique qu'il est convenu d'appeler l'école autrichienne. Il a obtenu le prix Nobel en 1974 et fut le principal inspirateur de Mme. Thatcher.

L'Etat est bien incapable d'engendrer la croissance, mais il est dans son rôle quand il rétablit l'équilibre des institutions financières ou politiques temporairement détruit.

Pour les keynésiens (des marxistes honteux), au contraire, c'est l'action de l'Etat qui crée la croissance, et donc l'Etat doit intervenir sans arrêt.

Keynes était un très grand économiste, les keynésiens sont des politiques essayant d'acheter les votes de l'électorat en organisant des jeux et en distribuant du pain, ce qui n'est pas la même chose.

Nous venons de mettre en évidence - de façon tout à fait involontaire, bien entendu - deux de ces relations binaires qui devraient être indiscutables :

le travail crée le revenu, qui lui-même engendre la consommation.

Ce n'est pas la consommation qui crée le travail, c 'est le travail qui permet la consommation.

Dieu a dit à Adam : « Tu gagneras ton pain à la sueur de ton front. »

L'ordre logique du commandement divin semble être :

« Tu travailles et après tu consommes. »

Nulle part dans la Bible nous ne trouvons :

« Consomme tout ton blé, et miraculeusement, du pain va pousser sans que tu travailles. »

La consommation qui précède le travail, c'était avant la chute, au paradis terrestre.

Et ça s'est mal terminé pour le serpent, allégorie de l'homme politique moderne dont les promesses électorales n'engagent que ceux qui y croient.

Chapitre IV

Victimes qui le méritent bien : ceux qui donnent du travail

"Lorsque les riches s'appauvrissent, les pauvres crèvent de faim."

Proverbe chinois

Nous abordons maintenant des sujets politiquement difficiles.

Toutes les études, dans tous les pays du monde, montrent que ceux qui créent des emplois sont une race à part qu'il est convenu d'appeler les « *entrepreneurs* », et en particulier les *petits* entrepreneurs. (Les grandes entreprises sont la plupart du temps destructrices nettes d'emplois.)

La rémunération des travailleurs s'appelle le *salaire.*

La rémunération de l'Etat a pour nom les *impôts.*

La rémunération des entrepreneurs se nomme - notre main tremble en écrivant ce nom maudit entre tous -, le *profit.*

En bonne théologie marxiste, si les employés ont connu une faible hausse de leur niveau de vie, c'est sûrement parce que les horribles capitalistes les ont vidés de tout leur sang.

Vérifions vite.

On voit (graphique ci-dessous) que le maigre salaire des « travailleuses-travailleurs » a fait mieux que le PNB.

Ce qui est à la traîne, c'est le *profit* réalisé par les entrepreneurs.

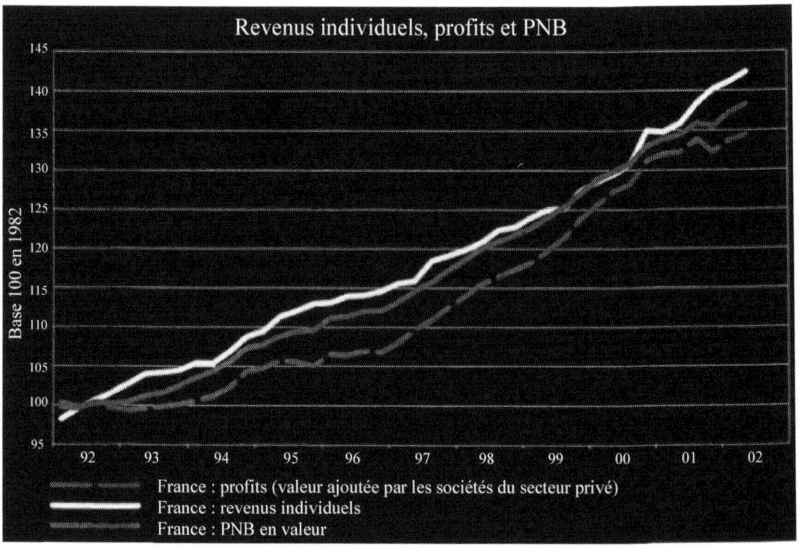

Ah ! ah ! nous diront nos théologiens, vous voyez bien que Marx avait raison et qu'il y a une baisse tendancielle du taux de profit[7]. (Vieille rengaine des clercs français qui aiment beaucoup citer les Saintes Ecritures.)

Vérifions en prenant l'exemple britannique.

[7] Marx n'a jamais intégré le progrès technique dans sa réflexion. Pour lui, la seule façon pour un entrepreneur de faire croître ses profits était de forcer un autre entrepreneur à la faillite (baisse des profits) ou de faire baisser le salaire des ouvriers (paupérisation du prolétariat). C'est la thèse du gâteau fixe.

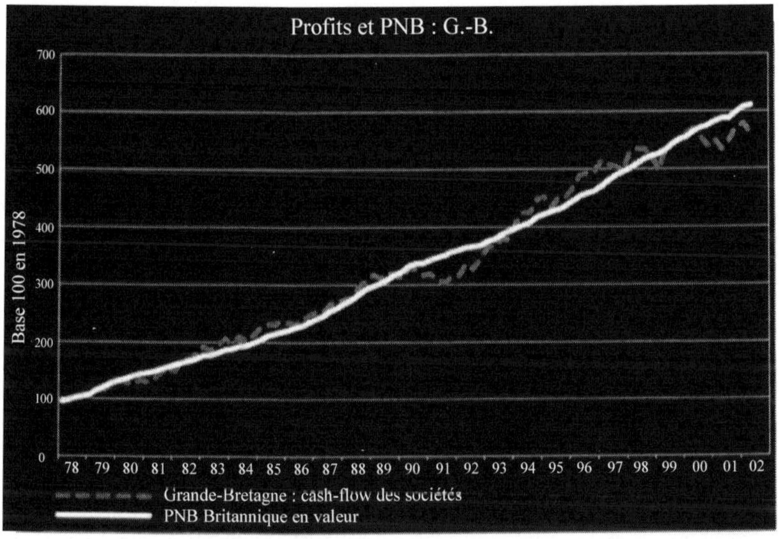

Depuis 1978, les profits britanniques ont crû au même rythme que le PNB nominal.

Quid des Etats-Unis ?

En écrivant ce livre, nous avons soumis des pages à quelques amis français. Leur réaction a été unanime : surtout, surtout, ne donne jamais les Etats-Unis en exemple, tu saboterais ta crédibilité, déjà bien mince...

Facile à dire, mais parler d'économie et de politique économique sans mentionner l'expérience américaine des vingt dernières années, c'est un peu comme parler de la Seconde Guerre mondiale en parlant de De Gaulle sans citer ni Churchill, ni Roosevelt, ni Staline, ni Pétain...

Pas évident quand on sait que deux politiques économiques et deux visions du monde ont été mises en œuvre aux Etats-Unis et en Europe depuis vingt ans : capitalisme rhénan contre capitalisme anglo-saxon...

Vingt ans, cela suffit peut-être pour porter un jugement ?

Ou faudra-t-il attendre soixante-dix ans, comme pour l'expérience communiste ?

Va pour un exemple américain, puisqu'il le faut.

Eh bien, même résultat que pour le Royaume-Uni !

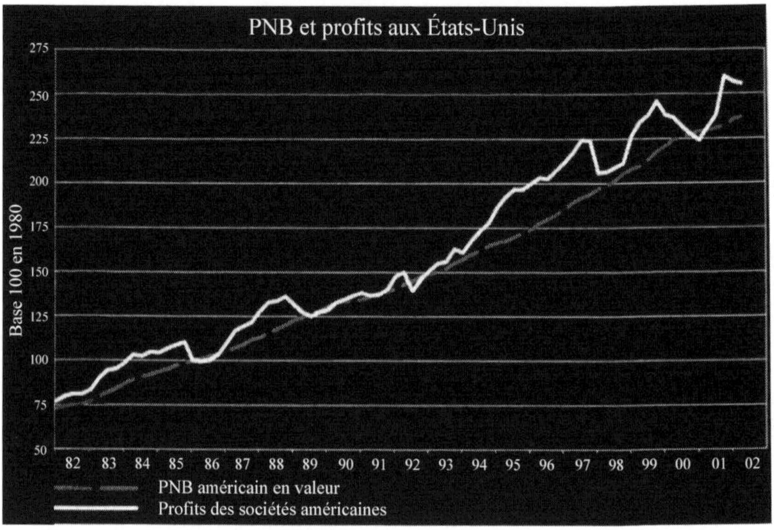

Et maintenant, passons à la seule chose qui compte, *le mouvement, la variation.*

Sur le graphique des Etats-Unis, prenons les profits et calculons les *variations* sur douze mois.

Sur l'échelle de droite, inscrivons les *variations* de l'emploi.

Depuis 1962 (depuis toujours, en fait), l'emploi suit les profits (sur le graphique, nous utilisons les cash- flows, moins susceptibles de manipulation comptable type Enron), avec un décalage de neuf à douze mois.

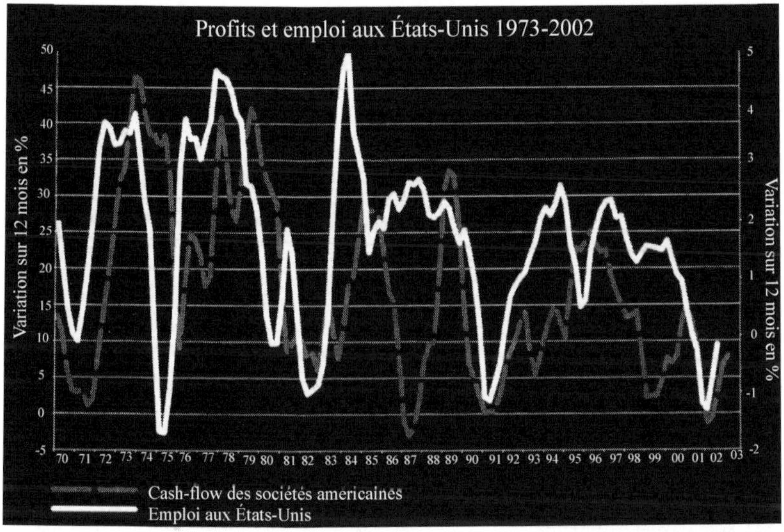

Le graphique nous permet de mettre encore en lumière un de nos binômes :

Quand les profits baissent, l'emploi baisse neuf mois plus tard.

Quand les profits montent, l'emploi monte neuf mois plus tard.

Se pourrait-il donc que les Etats-Unis et la Grande-Bretagne aient mieux traité leurs entrepreneurs que nous ? Que la raison de la hausse du chômage en France soit l'insuffisance des profits ?

Mais si cela était le cas, les marchés auraient sanctionné avec la plus grande dureté les actifs financiers français. Or, tout le monde sait que les capitalistes se sont « scandaleusement » enrichis depuis dix ou vingt ans ! (Il faut toujours se méfier de ce que tout le monde sait. Comme disait Goebbels, il suffit de répéter une contre-vérité suffisamment de fois pour qu'elle devienne irréfutable.)

Vérifions, vérifions toujours, vérifions encore, ce qui est, après tout, le cœur de la méthode scientifique.

Qu'en est-il tout d'abord si nous restons franco-français et que nous comparons les actions aux obligations françaises ?

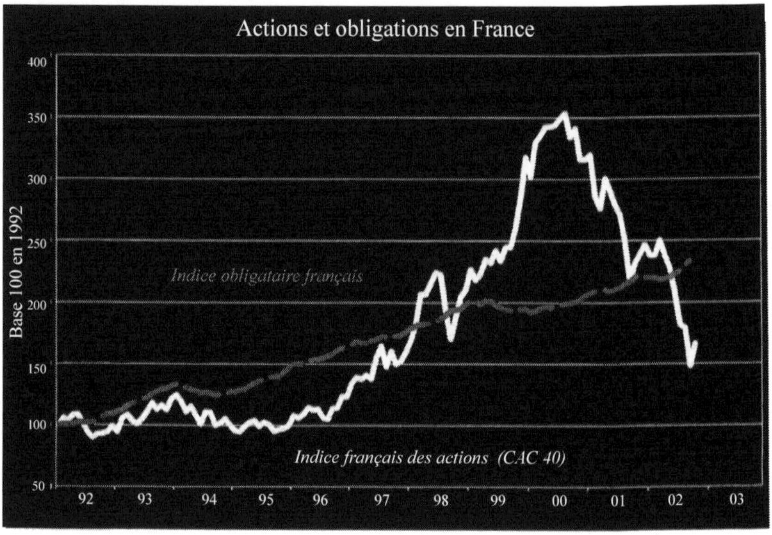

Le résultat est instructif : les pauvres héros qui ont chargé en bleu horizon, comme leurs grand-pères en 1914, et qui se sont aventurés en Bourse à Paris auraient mieux fait d'acheter tranquillement des obligations d'État.

Au lieu d'obtenir environ 170 francs pour 100 francs investis il y a douze ans (soit 5 % par an environ de plus-value, ce qui est loin de constituer un enrichissement scandaleux), ils jouiraient d'un capital de 250 francs, et qui plus est, ils n'auraient pas été victimes d'arrêts cardiaques à cause de France-Télécom, Vivendi ou Alcatel, ces purs produits du capitalisme étatique français.

Donc, le capitaliste français qui est resté en France n'a pas gagné des cent et des mille, bien au contraire, et il ne s'est certes pas scandaleusement enrichi.

Les capitalistes ont-ils été mieux traités hors de France ?

Allons dans la patrie du capitalisme pour vérifier.

Quel serait le résultat si un Français avait eu l'idée de vendre tout son portefeuille français en 1990, valorisé à cent dollars, pour acheter des actions américaines ?

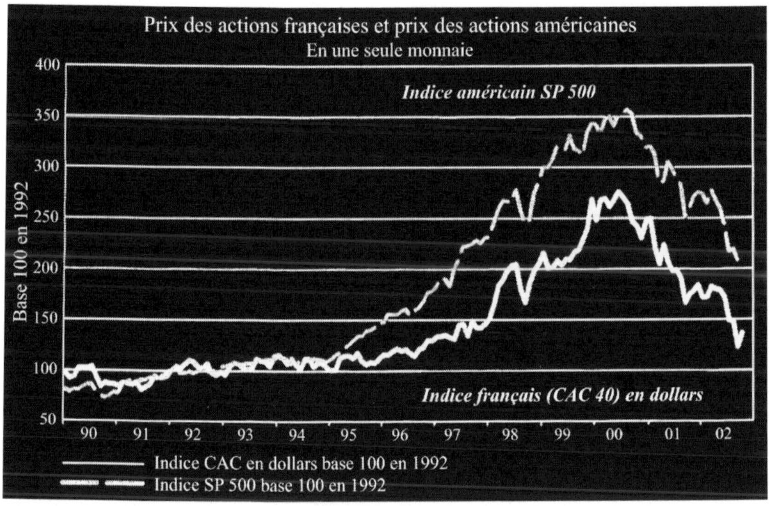

Le résultat est accablant : les actions américaines sont à 225 dollars environ, malgré leur baisse récente, et les actions françaises à 125 dollars.

Ce qui veut dire que notre Français qui aurait vendu tout son portefeuille en 1990 pour acheter aux Etats- Unis (le mauvais citoyen) pourrait aujourd'hui en vendant environ 65 % de son portefeuille américain racheter la totalité de son portefeuille français d'il y a dix ans et garder les 35 % d'actions américaines.

Le crime paie

Sortir - légalement - son capital de France (si on en possède un) a presque toujours été une bonne, une très bonne idée. (La banque suisse a été créée par l'épargne française : il aurait peut-être été plus intelligent que ces fonds restent en France ?)

Du coup, le patrimoine productif français est en solde (normal, puisqu'il a une faible rentabilité).

Conclusion : sur une base internationale, la condamnation est également sans appel.

Ce que les places financières hurlent depuis bien longtemps déjà, c'est que prendre des risques ne rapporte rien en France, qu'il vaut mieux les prendre ailleurs ou, si l'on doit rester en France, ne pas en prendre du tout.

Se pourrait-il que ce soit la raison (ou l'une des raisons) de la décélération de la croissance française ?

Se pourrait-il qu'il y ait un lien entre la rémunération du risque et la croissance ?

Voilà une hypothèse qu'il nous faudra explorer et vérifier.

Si c'est le cas, il est probable que les investissements productifs ont dû baisser dans notre pays, puisque investir revient à prendre des risques.

Si prendre des risques en Bourse ne paie pas, on ne voit pas pourquoi prendre des risques en achetant des machines serait rentable. Après tout, la démarche est la même.

Vérification :

Base 100 en 1990, la consommation est à 155, l'investissement à... 132.

Nous bouffons allègrement notre capital.

On a envie ici de citer le théorème du chancelier Schmidt : « Les profits d'aujourd'hui sont les investissements de demain et les emplois d'après-demain. »

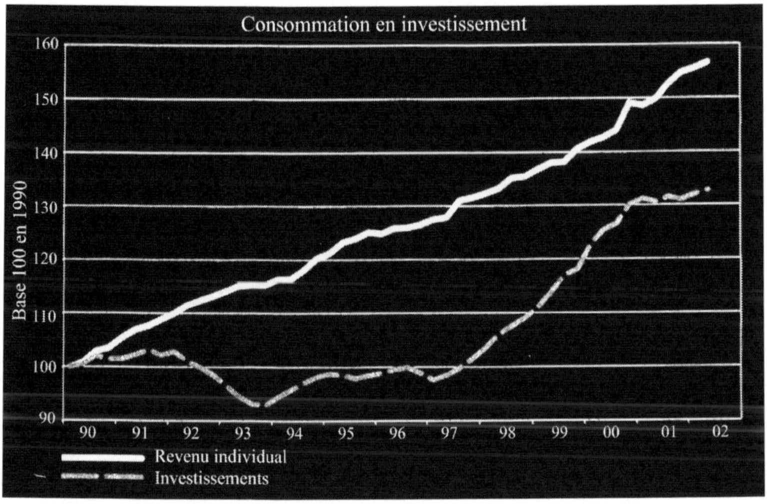

Profits insuffisants,
investissements anémiques,
emplois inexistants,
telle est l'inexorable logique.

Et contrairement à ce que pensait M. Mauroy, qui est pourtant un bien brave homme, « l'autre logique » n'existe pas.

Demain et surtout après-demain vont être longs comme des jours sans pain (ce qui va arriver, sans doute aucun).

Mais après tout, quelle importance ?

Ne nous faut-il pas apprendre à vivre plus simplement ? Suivre Noël Mamère et aller à pied ?

Ecouter José Bové et fumer notre pipe en regardant nos vaches (mais qui s'occupe de ses vaches à lui quand il est à Porto Alegre ou en prison ?).

En cessant d'investir, ne faisons-nous pas œuvre écologique ?

C'était déjà le rêve de leur grand ancêtre, Charles Maurras[8], le premier des écologistes français, à qui, curieusement, ils ne se réfèrent jamais. On se demande bien pourquoi. Il ne faut jamais renier ses parents, c'est même l'un des dix commandements.

La stagnation comme projet à long terme, n'est-ce pas grisant ?

Qu'ils se rassurent, c'est bien parti…

---

[8] Charles Maurras, de la fin du XIXème siècle à 1945, fut le grand paître du refus de la République et du capitalisme, le défenseur du royalisme, le chantre du retour à la terre (qui ne ment pas), et de l'antisémitisme (associé au capitalisme). Il fut condamné à la Libération. Les publications d'ATTAC sont souvent maurrassiennes.

Chapitre V

Victimes qu'il est difficile de plaindre

"Combien de gens travaillent au Vatican ?
À peu près la moitié..."

Réponse de Jean XXIII interrogé sur les effectifs de l'administration de l'Église catholique au Vatican

Dans un jeu à somme nulle (comme le poker ou le bridge), tout le monde ne peut pas perdre à la fois.

La comptabilité est un de ces jeux à somme nulle. Si donc les profits croissent moins que le PNB, quelque chose d'autre doit croître plus.

Ce grand vainqueur apparaît en pleine lumière dans notre prochain graphique : c'est l'Etat, dont la croissance depuis vingt ans est structurellement supérieure à la croissance de l'économie.

Bertrand de Jouvenel[9] aurait-il eu raison : rien ne pourrait donc arrêter la croissance du Moloch ?

C'est malheureusement le cas, en France tout du moins.

Ce n'est pas nécessairement vrai ailleurs : en Grande-Bretagne, aux Pays-Bas, aux Etats-Unis, le Léviathan a été domestiqué et sa croissance contenue.

---

[9] Dans *Du pouvoir*, où il analyse la croissance apparemment sans fin de l'État moderne.

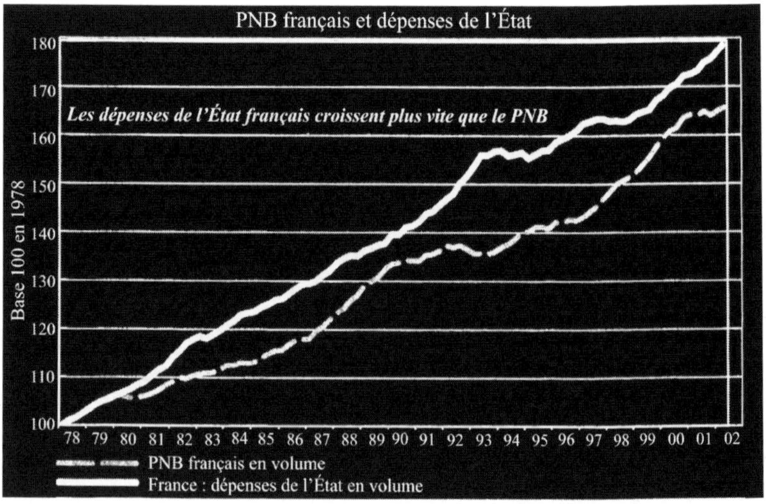

Exemple numéro 1 : la Grande-Bretagne

Mais cette vertu britannique a été chèrement acquise.

Il suffit de rappeler que le Fonds monétaire international (FMI) avait été convoqué à Londres en 1977 pour aider le gouvernement de Sa Très Gracieuse Majesté à remettre de l'ordre dans les finances publiques.

En termes non diplomatiques, cela voulait dire que l'État britannique *était en faillite*.

Peut-on imaginer perte de face plus extraordinaire pour un système politique ?

A l'origine de cette débâcle, une croissance des dépenses supérieure à la croissance des revenus fiscaux, et au bout du compte, comme pour une épicerie de quartier, la banqueroute.

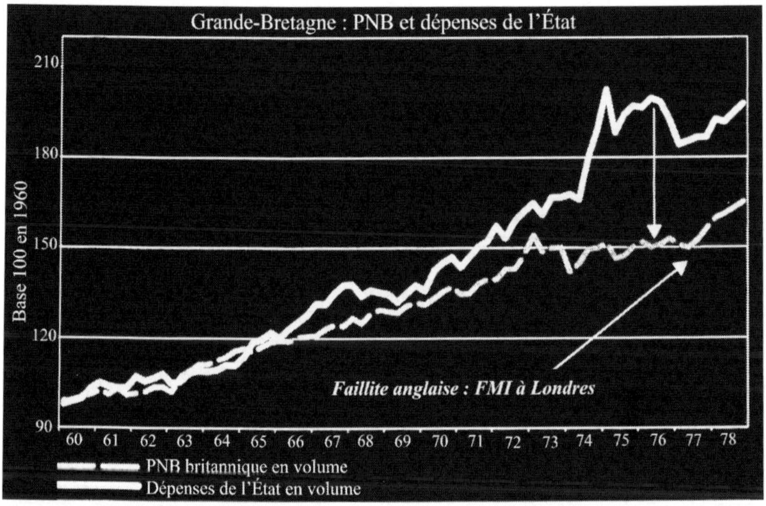

Comme les choses changent…

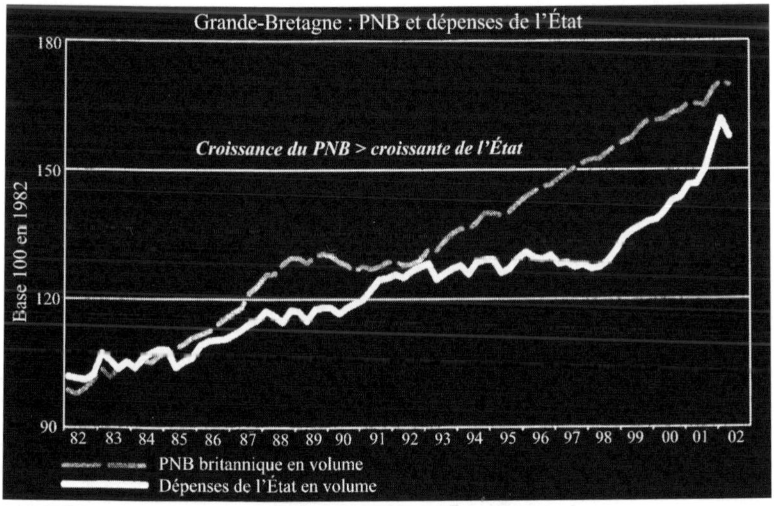

Même cause, mêmes effets pour l'Union soviétique.

A l'arrivée, la déconfiture, mais sans prêteur de dernier recours cette fois...

Exemple numéro 2 : les Pays-Bas

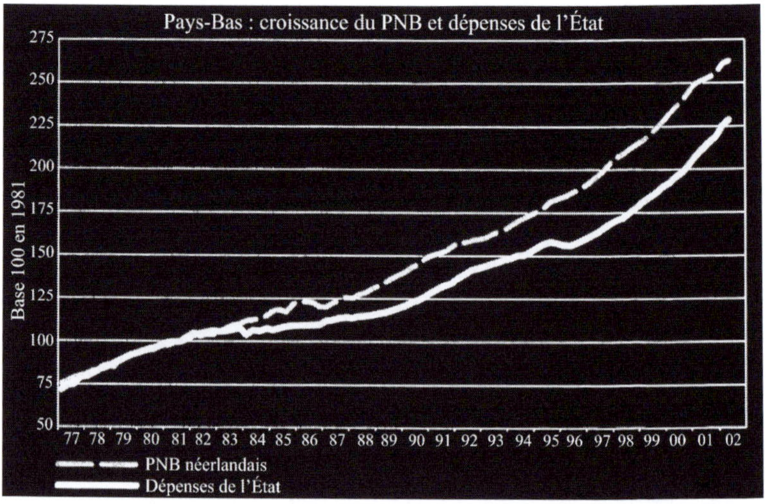

Les Pays-Bas également réussissent à contrôler la croissance des dépenses de l'Etat.

Et si nous comparons la France à un autre pays, nous arrivons à un résultat intéressant. Si l'État français prélève 55 % de la richesse créée, il reste 45 % au secteur privé. Si un autre État prélève 30 % de la richesse créée, il en reste 70 % à réinvestir pour le secteur privé.

Comme le secteur privé est responsable de la croissance, même si dans les deux pays le secteur privé croissait au même rythme, on voit bien qu'au bout de quelques années le deuxième État, même en prélevant simplement 30 %, aura plus à dépenser que l'État français.

Un État qui dépense peu et bien peut donc se permettre des politiques sociales audacieuses, sur le long terme.

Ne pas contrôler les dépenses de l'État conduit très paradoxalement à la paupérisation des pouvoirs publics.

L'État ne peut plus remplir ses fonctions, même les plus régaliennes, telles que la défense, la justice ou l'ordre public.

Pourquoi ? Parce que le taux de croissance s'écroule et, avec lui, les recettes imposables.

La Cigale et la Fourmi, encore une fois...

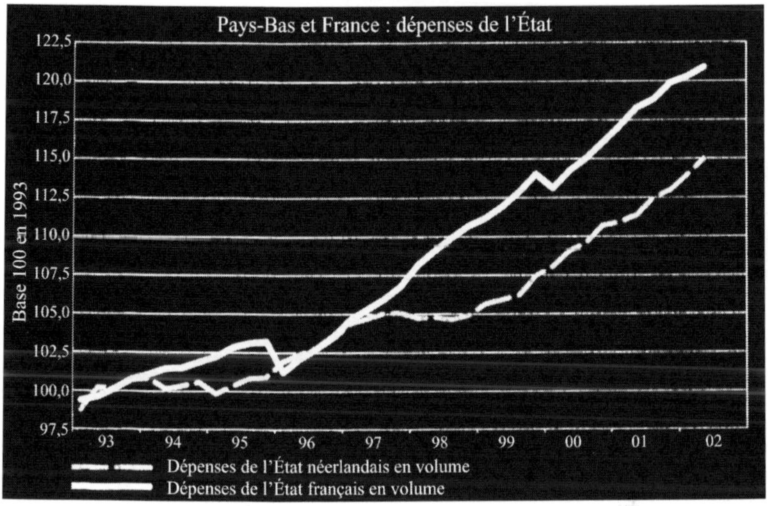

Se pourrait-il, comme le dit fort bien la sagesse populaire, « *que trop d'impôt tue l'impôt* » ?

En tout cas, ce qui semble ressortir de nos précédents graphiques, c'est que si la richesse créée dans un pays se distribue entre :

1. ceux qui travaillent (salaires) ;
2. ceux qui entreprennent (profits) ;
3. ceux qui administrent les deux précédents (impôts),

alors, il semble bien que toute croissance exagérée des « administrateurs » se fasse au détriment immédiat des deux autres catégories, mais encore plus au détriment à long terme de tout le monde, y compris des administrateurs eux-mêmes.

La grande astuce historique de ceux que nous appelons les administrateurs a été de faire croire aux travailleurs qu'ils étaient les arbitres indispensables du conflit latent et constant qui opposerait le capital et le travail - théorie de la lutte des classes, billevesée marxiste dont l'erreur a été démontrée par les économistes autrichiens (dont Bôhm-Bawerk) bien avant la révolution russe.

Bornons-nous à remarquer que si le coût de fonctionnement de l'arbitre se met à dépasser la recette du match, peu de matchs sont organisés et les arbitres se retrouvent au chômage...

Et nous découvrons (sans l'avoir vraiment cherché encore une fois) un autre binôme « cause-conséquence » :

Il n'y a pas d'exemple historique d'une croissance des dépenses de l'Etat durablement *plus forte que la croissance du PNB qui ne se soit pas mal terminée.*

Chapitre VI

Résumé des épisodes précédents

En l'espace de vingt ans, la France est passée en Europe du troisième au onzième rang pour son niveau de vie (source OCDE).

Ce simple fait, dans sa brutalité statistique, résume une série d'échecs que l'on retrouve d'ailleurs dans un certain nombre des pays de la zone euro.

Échec dans le domaine de l'emploi

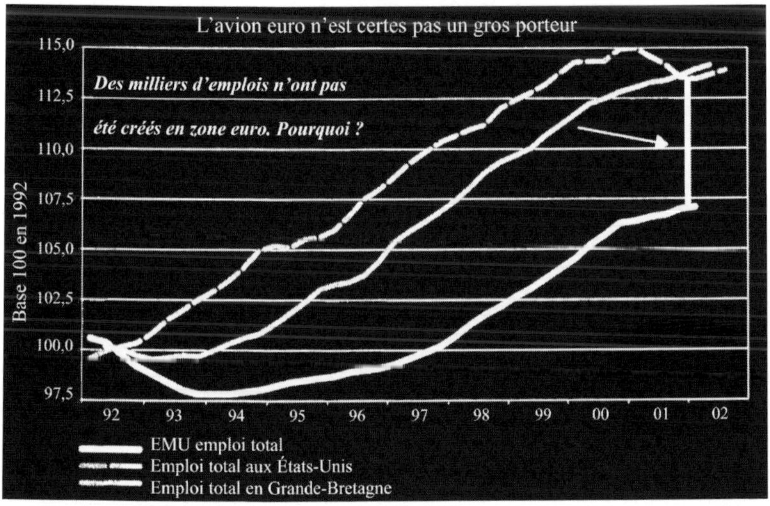

Dix millions d'emplois manquent à l'appel en zone euro sur les dix dernières années.

Depuis 1973, les États-Unis ont créé cinquante-cinq millions d'emplois, la zone euro cinq millions.

Pourquoi ? Voilà une question qui devrait être débattue avant toute autre.

Echec dans le domaine du niveau de vie

Le Français moyen, qui disposait d'un revenu à peu près équivalent à celui de l'Anglais moyen en 1982 (100 sur le graphique), a aujourd'hui un revenu qui n'est plus que les trois quarts de celui de son homologue britannique.

Nous nous réjouissons certes du succès de nos amis d'outre-Manche qui ont connu des jours difficiles à la fin des années 70 et qui ont su redresser la barre, comme ils le font toujours dans les périodes noires.

Mais charité bien ordonnée commençant par soi- même, on ne peut s'empêcher d'être triste...

Certes, l'appauvrissement n'est que relatif, mais un pays qui échoue *économiquement*, même relativement, perd toute influence *politiquement*.

Nul ne peut être satisfait d'un appauvrissement de son pays.

Nul ne peut se satisfaire du déclin de ce qui lui est le plus cher.

Echec dans la gestion de l'État

L'État français a réussi l'exploit de voir son coût d'exploitation augmenter de près de 50 % en vingt ans par rapport à celui de son homologue britannique. (En pourcentage de la richesse créée dans chaque pays.)

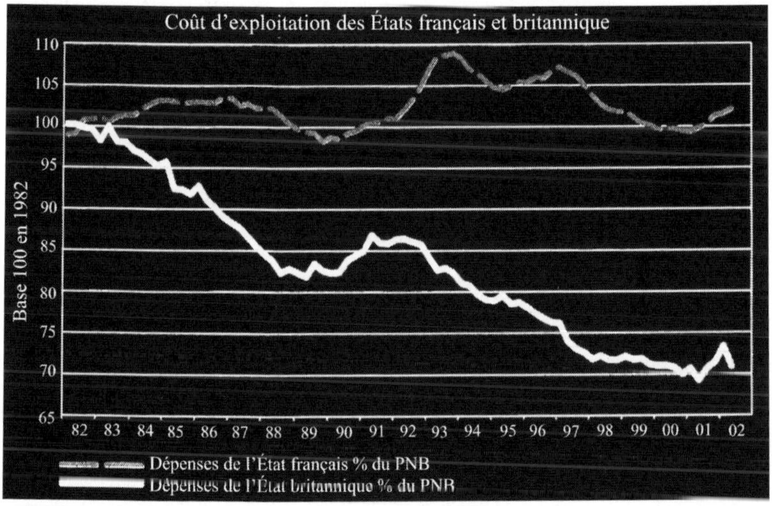

Encore mieux : alors que le PNB a beaucoup moins augmenté en France qu'en Grande-Bretagne, l'État français réussit la performance d'avoir accru sa consommation totale en volume par rapport à son concurrent britannique.
De moins en moins de richesse créée et cette richesse de plus en plus confisquée par le gouvernement.

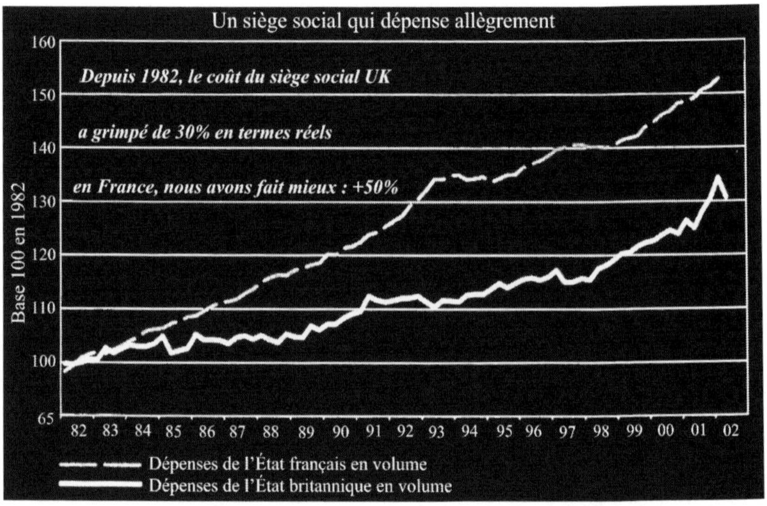

Y aurait-il une relation de cause à effet ? Est-ce - peut-être - parce que la richesse est confisquée qu'il n'y a pas croissance ?

On n'ose croire à une réalité aussi rétrograde...

Echec dans la gestion du futur

Nos enfants auront à payer nos dettes.

Dans le domaine du droit privé, un ayant droit peut tout à fait refuser un héritage si le passif est supérieur à l'actif. Une telle possibilité n'existe pas pour une nation.

Si le pays s'endette aujourd'hui et si cet endettement ne correspond pas à des investissements, mais à une consommation, les générations suivantes verront leur niveau de vie baisser du fait du remboursement de la dette.

Seule solution pour les jeunes arrivant dans un monde trop vieux et trop endetté : l'émigration (fuite des cerveaux). On note déjà que certaines grandes écoles françaises voient la moitié des élèves de leurs dernières promotions rechercher, et trouver, du travail à l'étranger. Combien d'entre eux reviennent-ils ?

Lorsque la croissance mondiale est forte et les rentrées fiscales élevées, il est donc de bon usage de rembourser la dette existante.

Rien de cela n'a eu lieu en France depuis vingt ans. On dépense allègrement pendant les vaches grasses et l'on emprunte tout aussi allègrement pendant les vaches maigres.

Voilà une solution qui avait échappé au pharaon d'Egypte qui, à l'évidence, n'avait pas fréquenté les bonnes écoles.

La dernière grande période de croissance mondiale a duré sept ans et a commencé en 1994 pour se terminer en 2001 (sept ans, sacré Joseph !). La dette britannique est au même niveau, en termes absolus, au début et à la fin de cette période : c'est dire qu'elle a considérablement baissé en termes relatifs par rapport au PNB.

La dette française a doublé et est passée de 45 % à 60 % du PNB.

« Les parents boivent, les enfants trinquent... »

Échec dans la compétition internationale

Si les frais fixes français sont exorbitants, la compétitivité française doit en souffrir et nous devons perdre des parts de marché à l'exportation.

C'est, hélas, vrai.

En ne prenant en compte que les exportations des pays de l'OCDE (la totalité des grands pays riches, nos principaux concurrents), nous constatons que la part de la France baisse lentement mais sûrement.

Nos parts de marché sont passées de 100 en 1982 à 75 aujourd'hui.

Les Etats-Unis maintiennent leur position, malgré la hausse vertigineuse du dollar depuis dix ans...

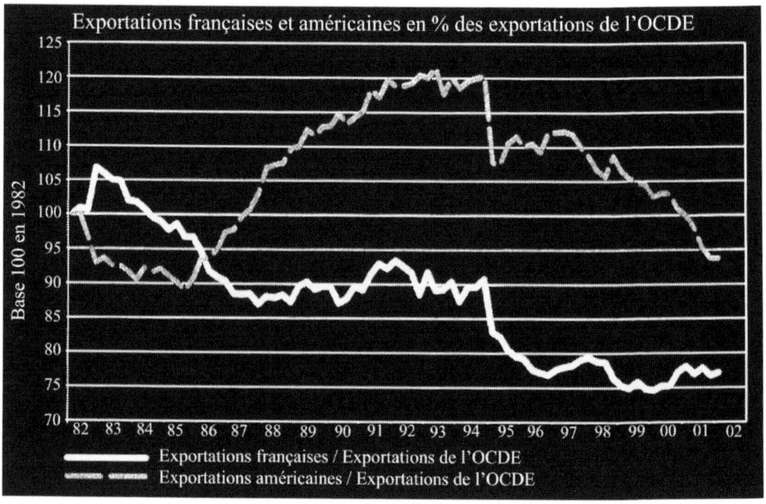

Et nous pourrions continuer ad infinitum. Mais est ce bien nécessaire ?

Conclusion

L'aimable lecteur aura compris : notre pays va mal et nous sommes probablement entrés dans un jeu à somme négatif.

En termes savants, cela signifie que personne ne sort gagnant d'une phase de déclin, d'autant plus que ce genre de période a une fâcheuse tendance à s'auto- accélérer, jusqu'à la crise finale qui peut être très difficile. (Voir la situation de l'Argentine actuellement.)

Toynbee, dans son célèbre ouvrage L'Histoire, avance l'hypothèse que le rôle des élites dans un pays est de répondre aux défis historiques qui sont lancés à la nation.

Si ces élites sont incapables de répondre, le même défi se répète jusqu'au moment où il entraîne :

- au mieux, un changement d'élites (de Gaulle en 1958, défi de la décolonisation) ;
- normalement, une disparition du pays (Empire d'Autriche-Hongrie, défi des nationalismes) ;
- au pire, une implosion de la civilisation (civilisations précolombiennes en Amérique latine, rencontre avec une puissance disposant d'une supériorité militaire écrasante).

A l'évidence, les élites dirigeantes françaises ont été incapables d'analyser les défis qui sont proposés à notre pays depuis la chute du mur de Berlin et la fin du communisme et d'y répondre.

Le défi aujourd'hui consiste à sortir de la stagnation économique et surtout intellectuelle dans laquelle nous sommes embourbés.

La seule solution proposée est encore et toujours celle qui a permis de résoudre il y a un demi-siècle l'antagonisme séculaire franco-allemand : le transfert de plus en plus de pouvoir à une technocratie non élue.

Ce transfert était peut être nécessaire il y a cinquante ans.

Il ne l'est plus aujourd'hui : il est contre-productif.

Le défi aujourd'hui n'est plus la probabilité d'une guerre franco-allemande car il n'y a jamais eu de guerre entre deux démocraties.

La solution de Jean Monnet était certes infiniment plus satisfaisante que trois guerres en un siècle entre ces deux puissances, guerres qui ont ruiné l'Europe et transformé l'histoire du monde, mais elle n'est plus adaptée au problème posé.

A se méfier de la démocratie, de l'électorat et des élus, les élites européennes se préparent - et nous préparent - des lendemains qui déchantent.

Deuxième partie

La recherche du criminel, ou « Elémentaire, mon cher Watson » (Sherlock Holmes)

"La guerre est une chose trop sérieuse pour être laissée aux généraux"

Clémenceau

Chapitre VII

Retour aux trois ordres de l'Ancien Régime

"Ce qui se voit et ce qui ne se voit pas."

Frédéric Bastiat[10]

Tout bon écolier se souvient des trois ordres de l'Ancien Régime :

- le clergé ;
- la noblesse ;
- le tiers état.

La noblesse se battait dans les guerres du roi (le roi et les nobles aimaient beaucoup les guerres, car à l'époque c'était la seule façon de s'enrichir) ; le clergé administrait l'école et l'université, ce qui tenait lieu de sécurité sociale, et tout l'état civil, et le tiers état bossait.

Eh bien, rien n'a bougé. (Rien ne change jamais en France[11].)

---

[10] Frédéric Bastiat (1801-1850) écrit en France de 1844 à 1850. Il fut l'économiste favori de Ronald Reagan. Il expliquait qu'en économie il y a ce qui se voit, par exemple la protection des agriculteurs par la politique agricole commune, et ce que ne se voit pas, comme les milliers d'emplois qui ne sont pas créés parce que le niveau de vie des Français est plus bas qu'il ne devrait être à cause de cette protection accordée aux agriculteurs.

[11] Pour s'en convaincre, il suffit de relire *L'Ancien Régime et la Révolution* de Tocqueville. La seule différence c'est que les rapports administratifs étaient écrits dans un français parfait.

Remplaçons :

- la noblesse par les entrepreneurs : ceux-ci veulent toujours s'enrichir et être indépendants (au lieu « de faire carrière ou de demander une pension au roi ». Après tout, l'aristocratie, avec son désir d'indépendance et de fronde chevillé au corps, a longtemps été le principal ennemi du pouvoir royal) ;
- le clergé par la fonction publique (élus ou non) (MM. Fabius et Giscard d'Estaing ressemblent à des évêques d'Ancien Régime, M. Jospin aurait fait un excellent pasteur protestant tandis que le président Chirac a tout du curé de campagne, et ils sont tous issus de la fonction publique) ;
- le tiers état par les salariés : ceux qui travaillent dans des corporations protégées et malthusiennes qui tendent à devenir héréditaires (EDF, SNCF, Sécurité sociale, etc., alliés objectifs de l'Administration) et ceux qui sont obligés, ou qui choisissent librement d'offrir leur force de travail dans un marché concurrentiel, troupe de réserve de la noblesse.

Et tout devient immédiatement beaucoup plus clair.

Dans le fond, il y a toujours eu trois sortes d'individus :
- ceux qui veulent s'occuper des autres ;
- ceux qui veulent qu'on s'occupe d'eux ;
- ceux qui veulent s'occuper de leurs propres affaires et qu'on les laisse tranquilles.

Aux armateurs de Saint-Malo qui le recevaient, Louis XIV avait demandé ce qu'il pouvait faire pour les aider dans leur concurrence avec les Anglais.

Leur porte-parole, affolé, avait répondu :

«Rien, sire, surtout, surtout, ne faites rien. »

La démocratie commence toujours par le contrôle des dépenses de l'État (le roi) par des gens qui en sont indépendants.

Ce point étant acquis, il nous faut maintenant rappeler comment les trois ordres subviennent à leurs besoins, ce que nous avons déjà indiqué brièvement un peu plus haut.

Les administrateurs perçoivent des *impôts* et se servent de la *contrainte*, que leur permet leur contrôle de l'État et de ses gendarmes, pour arriver à leurs fins.

Les travailleurs perçoivent un *salaire* et sont protégés par le *droit* ou la *coutume* dans leurs relations avec leurs employeurs.

Les entrepreneurs perçoivent un profit, qui est la rémunération d'un risque assumé librement :

- ils vendent leurs produits ou leurs services à des gens qui les leur achètent, mais qui dans un monde concurrentiel peuvent toujours acheter ailleurs ;
- ils paient tous les coûts (salaires, matières premières, coût du capital, loyers, etc.), qui, eux, sont absolument certains;
- ils se rémunèrent sur la différence entre leurs ventes et ces coûts, si elle existe ;
- à noter qu'en cas de différence positive, ou profit, les administrateurs se précipiteront pour la taxer, alors qu'en cas de perte les entrepreneurs devront la supporter seuls

Nos héros vivent dans l'incertitude la plus totale, ce qui est, bien entendu, le prix de la liberté.

Historiquement, nos entrepreneurs étaient surtout des commerçants qui opéraient à partir de ports tels que Tyr, Athènes, Alexandrie, Venise ou Amsterdam. Ils gagnaient de l'argent en « arbitrant » entre les coûts naturels de production des différentes régions avec lesquelles ils étaient en relation, mais intervenaient assez peu dans les processus de production.

Soudain, au XVIIIème siècle, en Angleterre et en Ecosse, les découvertes scientifiques (Newton, machine à vapeur) et philosophiques (Adam Smith) leur permirent d'appliquer leurs talents à la *production* et non plus seulement au commerce.

La face du monde en fut changée à jamais.

Car s'il y a toujours eu des administrateurs et des administrés, la croissance économique n'est jamais venue d'eux, sinon elle aurait commencé au temps de l'Egypte des pharaons, de la Chine des mandarins ou de l'Empire aztèque.

La croissance économique vient des entrepreneurs et uniquement des entrepreneurs comme le montrent l'exemple anglais à partir du XVIIIe siècle et tous les autres depuis.

Mais pour appliquer leur talent à la production - géographiquement statique -, nos entrepreneurs avaient besoin de sécurité juridique, politique et commerciale : ils voulaient être sûrs que les administrateurs ou leurs salariés n'allaient pas leur voler le produit de leurs efforts dès que les choses iraient bien.

D'où l'évolution vers la démocratie parlementaire en Grande-Bretagne, qui n'était rien d'autre qu'un effort pour contrôler les dépenses de l'Etat et les velléités révolutionnaires de la plèbe.

Napoléon l'avait fort bien compris qui disait avec beaucoup de mépris : « L'Angleterre, cette nation de boutiquiers. »

Car pour un Anglo-Saxon, le droit (c'est-à-dire le contrat passé entre deux parties libres) précède et est supérieur à la loi (pouvoir politique) qu'il engendre. (Pour un Français, c'est l'inverse et probablement l'origine de beaucoup de nos problèmes, mais cela est un autre débat.)

Pour un Britannique ou un Américain, l'idée d'un droit spécifique à l'Etat comme notre droit administratif est une abomination...

Mais nous nous éloignons du sujet. Revenons à un graphique que nous avons déjà montré, celui qui réunit le PNB américain en valeur et les profits des sociétés américaines.

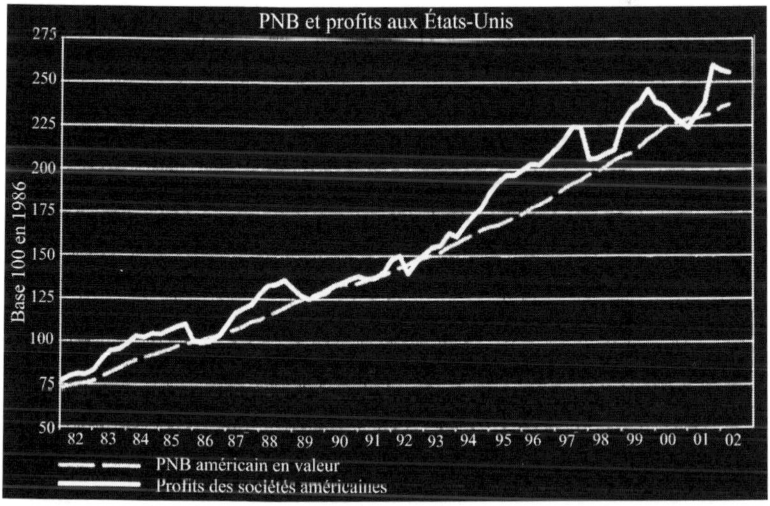

Depuis vingt ans, la croissance des profits a été la même que celle du PNB. Et cela est vrai pour des périodes plus longues et pour d'autres pays (voir l'exemple de la Grande-Bretagne).

Cette réalité devrait conduire immédiatement le lecteur averti à une première question :

Vos entrepreneurs ne seraient-ils pas par hasard un peu masochistes ?

Parce qu'après tout ils prennent tous les risques, encaissent tous les coups, et *à la fin* ne gagnent pas plus *en moyenne* que le salarié qui rentre tranquillement chez lui après son boulot.

De vrais bienfaiteurs de l'humanité. Voilà une hypothèse hardie... mais qui n'est pas sans mérite.

Dans le même esprit, le même observateur neutre pourrait poser une deuxième question :

A aucun moment, et quel que soit l'environnement politique ou économique, vos entrepreneurs ne réussissent à gagner *durablement* plus que le PNB.

La ligne en pointillé (les profits) ne réussit pas à s'écarter à la *hausse* de la ligne en trait plein (le PNB), alors qu'il lui arrive assez fréquemment de s'en écarter à la baisse et pour d'assez longues périodes.

Donc, non seulement ils ne gagnent pas plus, mais ils peuvent perdre plus et leurs gains sont limités par ce que font les autres parties prenantes au PNB.

De vrais saints, on vous dit, et qui devraient être considérés comme tels si l'on en croit la philosophe américaine Ayn Rand... qui pourtant refusait de considérer l'altruisme comme un moteur des sociétés humaines.

Soyons sérieux mais si, mais si, nous pouvons être aussi ennuyeux que n'importe quel journaliste du *Monde*, mais nous promettons que cela ne va pas durer.

Aucun entrepreneur ne lance un nouveau produit, une nouvelle affaire, un nouveau service en espérant réaliser un profit équivalent « au taux de croissance du PNB ». Il *espère* faire beaucoup, beaucoup mieux.

Ce que nous donne la statistique c'est donc une moyenne après coup *ex post*, c'est-à-dire non pas un espoir, mais le dur résultat des prises de risques *passées*.

En fait, seul un très petit nombre d'entrepreneurs réussissent, la plupart échouent.

« Il y a beaucoup d'appelés et peu d'élus. »

(Le Christ, qui parlait probablement d'autre chose)

Sur cent nouvelles entreprises qui se lancent, une grande majorité aurait fermé leurs portes avant le troisième anniversaire.

Sur cent nouveaux projets lancés par des firmes existantes, moins de 10 % engendreront un profit conforme aux attentes au moment du lancement.

La moyenne statistique du graphique prendra donc en compte le *capital perdu* par les firmes qui ont échoué.

Les entrepreneurs sont en fait des joueurs.

La probabilité de gagner est faible, mais l'espérance de gain, si l'on gagne, peut être énorme.

Des milliers d'entreprises dans la Nouvelle Economie (NE) ont été créées aux Etats-Unis dans les années 80. Après la débâcle des trois dernières années, il n'en reste qu'une poignée. Mais quelle poignée ! Microsoft, Del, Cisco, Sun, Oracle, Yahoo, Amazon..., elles ont changé le monde, et elles émergent de cette crise plus fortes que jamais.

La conséquence la plus logique de cet état de fait est qu'une période de croissance forte, c'est-à-dire sous- tendue par l'innovation des entrepreneurs, sera donc *automatiquement* accompagnée d'une amplitude *extraordinaire* des *écarts de revenus* pendant la période où la croissance *s'accélère*.

Ceux (peu nombreux) qui ont fait les bons choix voient leurs revenus et leur patrimoine littéralement exploser à la hausse.

C'est ce qui s'est passé aux Etats-Unis de 1992 à 2001.

Bien entendu, il est d'usage à ce moment du cycle, dans la presse bien-pensante, de protester contre l'insupportable augmentation des écarts de revenus.

Personne ne parle des entrepreneurs qui se sont cassé la figure.

Empêcher ce mouvement, en particulier par la taxation, a été le grand succès de l'Europe.

Comme les chiffres le prouvent tous les jours, ce succès empêche toute croissance et donc favorise le chômage.

De toute façon, ce mouvement est autocorrecteur, comme le montre le graphique suivant : les profits ne peuvent pas grimper jusqu'au ciel...

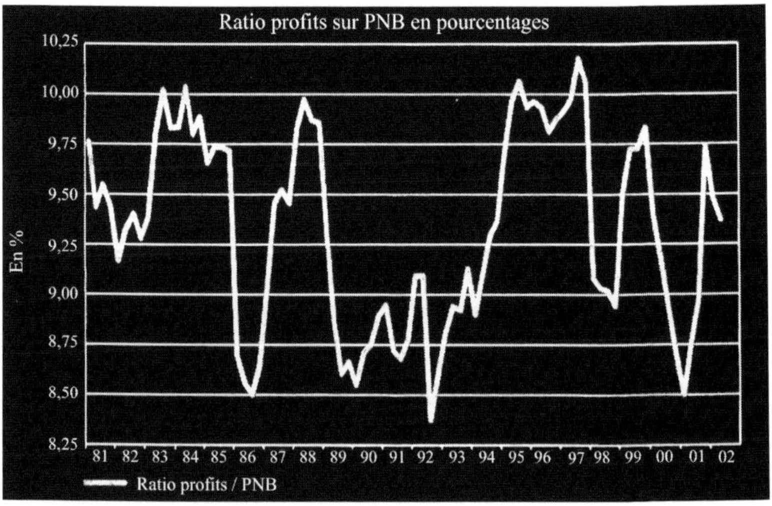

Historiquement, les profits aux États-Unis oscillent entre 8 % et 11 % du PNB.

Les entrepreneurs qui ont fait les bons investissements pendant les périodes de récession, c'est-à-dire quand personne d'autre n'en fait, gagnent, sept ou huit ans après, de l'argent « gros comme eux », ce qui attire les « suiveurs » qui investissent au plus haut et créent des surcapacités suivies par l'effondrement des marges et des profits.

Nous en avons à l'heure actuelle un merveilleux exemple dans ce qu'il est convenu d'appeler la « Nouvelle Économie ».

Ceux qui ont investi dans les télécommunications sont ruinés. Mais, et c'est là que réside le paradoxe merveilleux du capitalismc, lcs *capacités créées ne disparaissent pas avec les faillites de leurs propriétaires*. Elles restent là, prêtes à être utilisées par une nouvelle génération d'entrepreneurs qui bâtiront de nouvelles entreprises sur les excédents de capacités créés par les malchanceux du cycle précédent.

Quand Sabena fait faillite, ses avions ne disparaissent pas, l'aéroport de Bruxelles n'est pas rayé de la carte. Les avions sont rachetés, s'ils valent quelque chose, par Ryan Air ou Easyjet, le coût des voyages aériens à partir de la Belgique s'écroule et le nombre d'employés dans les compagnies aériennes en Europe augmente. Rien de désastreux dans tout cela.

Le consommateur est toujours le bénéficiaire *final* d'un excédent de capacité dans la production.

En système capitaliste, la croissance avance par bonds, de *désastre en désastre*. Ce qui, bien entendu, rend ce capitalisme impopulaire auprès des administrateurs qui, lorsqu'ils étaient petits, rangeaient toujours bien leur chambre, et auprès des salariés qui voient quinze mille employés mis à pied par Alcatel, mais qui n'aperçoivent pas les dizaines de milliers embauchés par les pedtes sociétés créées en grande partie par des ingénieurs de la firme remis sur le marché et qui découvrent qu'être entrepreneur, c'est plutôt plus rigolo que de laisser son destin aux mains de M. Tchuruk...

La croissance vient tout autant des mauvais investissements réalisés - qui bénéficient au consommateur et à la génération *suivante* d'entrepreneurs - que des bons - qui profitent tant au consommateur qu'à l'entrepreneur du *passé*. (Le danger c'est que l'entrepreneur qui a réussi veuille transformer ses activités en monopole. Ce qu'il ne peut faire qu'avec la complicité active des administrateurs. Mais cela est encore un autre débat.)

L'Etat ayant montré historiquement une remarquable capacité à faire des investissements désastreux, on pourrait peut-être lui confier cette fonction : créer *volontairement* des surcapacités ? (Cela paraît idiot, mais c'est ce que les gouvernements français, japonais ou coréen ont fait pendant des années, en appelant ça « politique industrielle ». Il y avait même en France un ministère spécialisé dans les investissements désastreux qui s'appelait le ministère de l'Industrie : (subvention aux aciéries, aux chantiers navals, etc.)

Il n'a pas résisté au passage d'Alain Madelin[12] comme ministre. Au Japon, ce ministère s'appelle le MITI.

Les Japonais n'ayant pas eu la chance d'avoir Madelin, le ministère n'a rien perdu de son pouvoir et continue à sévir.

---

[12] La première décision de Madeleine en tant que ministre fut de demander une réduction du budget de son ministère, ce qui était sans exemple dans l'histoire de la République. Le ministère existe toujours, mais c'est devenu un ministre croupion.

L'ennui avec cette thèse, c'est que lorsque les mauvais entrepreneurs n'ont plus d'argent ils arrêtent, ou on les arrête (voir Vivendi).

L'Etat, lui, a toujours de l'argent car il peut envoyer sa police pour pressurer davantage les malheureux contribuables (voir la SNCF ou France Télécom).

Qui plus est, le gouvernement ne peut jamais licencier les employés de ses entreprises parce qu'il y en a toujours une dans la circonscription d'un ministre qui dans ce cas a peur de devenir impopulaire.

Ce qui fait que le potentiel productif excédentaire créé par l'État n'est jamais remis à la disposition de nouveaux entrepreneurs par une vente aux enchères, mais reste solidement sous contrôle politique, et donc indisponible et stérile, tandis que le consommateur, ponctionné par des impôts toujours croissants et des produits toujours plus chers, dépense moins, ce qui met en faillite des entrepreneurs parfaitement légitimes.

À ce point de l'analyse, il nous faut révéler un grand secret, de ceux qui bouleversent les destins : pour réussir, de quoi ont-ils besoin, les entrepreneurs, avant tout ?

Certes, ils ont besoin d'une réglementation favorable, d'une sécurité juridique raisonnable, d'une force de travail bien formée, d'infrastructures, d'un taux d'imposition adéquat...

Notre lecteur doit savoir cependant qu'il y a une matière première sans laquelle l'entrepreneur ne peut ni se lancer ni continuer son activité, à savoir que cette élite ne peut pas réussir sans... ARGENT.

Et l'argent, il doit aller le chercher chez une espèce curieuse dont nous n'avons pas parlé jusqu'ici et que nous appellerons les RENTIERS.

Dans le chapitre suivant il va nous falloir décrire ce qu'est un rentier, ainsi que les relations amoureuses torrides et compliquées qui l'unissent à notre héros, l'entrepreneur.

Il paraît que pour qu'un livre se vende, il faut y introduire du sexe et des histoires d'amour. Nous tenons à prévenir notre lecteur que les prochains chapitres risquent d'être difficiles pour lui, parce qu'on y rencontrera au moins autant de sexe que dans les chapitres précédents.

Chapitre VIII

(un peu littéraire)
Où réapparaissent deux personnages balzaciens, le rentier et l'usurier

"L'argent maudit
L'argent qui corrompt tout..."

François Mitterand

Une remarque préliminaire : le rentier, c'est un peu chacun d'entre nous.

Il y a un rentier en chaque administrateur, salarié ou entrepreneur. On peut être entrepreneur à trente ans et rentier à soixante. On peut être rentier avec une partie de son capital et entrepreneur avec une autre.

Le rentier n'est pas une catégorie à part, mais une part de nous-même, celle qui a besoin de sécurité...

Ce que veut un rentier qui s'est constitué un capital aussi petit soit-il, c'est le prêter à quelqu'un, toucher un intérêt et voir revenir son pécule *intact* à la fin du prêt

En termes simples, le rentier ne veut pas RISQUER SON CAPITAL. Il veut revoir son argent à la fin du temps réglementaire. Il « loue » son capital pendant une période donnée, celle du prêt, comme on loue un appartement, et il entend bien le récupérer dans son intégralité à la fin de la partie, après avoir perçu des intérêts (le loyer) pendant la durée du prêt.

L'entrepreneur, au contraire, est prêt à TOUT PERDRE et risque donc la totalité de son capital.

Le rentier ne veut pas perdre.
L'entrepreneur veut gagner.
L'épée et le bouclier, encore et toujours...
Les deux sont nécessaires (mais l'un nous est plus sympathique que l'autre).

Un système économique efficace *ne peut pas* fonctionner sans un mécanisme *financier* qui permettra une gestion « mutualisée » du RISQUE. L'épargne (des rentiers) doit être collectée par des organismes qui prêteront ensuite aux entrepreneurs.

Un système économique efficace comportera donc :
- des rentiers ;
- des entrepreneurs ;
- des entremetteurs (usuriers).

Les rentiers percevront comme intérêts la rentabilité *moyenne* des entrepreneurs (c'est-à-dire compte tenu des faillites qui ne peuvent pas ne pas se produire) moins le coût de fonctionnement de l'entremetteur qui, selon le niveau de développement de la société, s'est appelé dans l'Histoire : usurier, banque, ou marché financier.

La popularité de l'entremetteur est toujours proche de zéro, et il était d'usage autrefois de le brûler de temps en temps, ce qui tendait à faire monter le prix de ses services, et bien entendu réduisait le potentiel de croissance de l'économie à long terme.

La rentabilité des rentiers doit donc être égale (ou légèrement inférieure) sur le long terme à la rentabilité *moyenne* des entrepreneurs, *diminuée* du coût des faillites et du coût de l'organisme de mutualisation du risque (entremetteur).

Aujourd'hui, nous pouvons oublier l'usurier et, comme les profits sur le long terme suivent le PNB, cela signifie que la rémunération du rentier doit suivre aussi le PNB, moins le coût de fonctionnement de notre intermédiaire.

Théoriquement donc, nous devons avoir :

Rente = croissance du PNB - coût de l'entremetteur

Ouf...

Expliquer en quelques lignes les relations entre entremetteurs, rentiers et entrepreneurs devait être fait car le jeu de la croissance est un jeu qui se joue non pas à deux joueurs, l'entrepreneur et le rentier, mais à trois : l'entrepreneur, le rentier et l'intermédiaire.

Il doit donc exister quelque part dans l'économie un mécanisme qui permet d'arbitrer à tout moment entre la rentabilité espérée de l'entrepreneur et celle tout fait certaine du rentier. Un endroit où tous les maquereaux peuvent se retrouver pour discuter des affaires de maquereaux.

Cherchons bien, soulevons quelques cailloux.

Ce mécanisme existe et s'appelle en français la Bourse, dont la principale justification, aux yeux de nombreux Français, semble être de leur fournir un bâtiment devant lequel manifester contre les méfaits de ce capitalisme qui a permis à leur niveau de vie d'atteindre des sommets sans exemple dans l'Histoire.

Le plus frappant, c'est qu'aujourd'hui cet édifice est vide, mais que les manifestations continuent. Il est vrai que manifester devant un écran de PC manque de charme.

Dans ce marché sont traités des titres qui représentent une participation à l'*espoir* de gain, les actions, et des titres qui permettent de toucher son loyer sans se faire trop de souci, les obligations.

Nous avons déjà montré la performance *absolue* des actions et des obligations françaises, pour conclure que prendre des risques en France ne payait décidément pas.

Intéressons-nous maintenant à la performance relative de nos deux protagonistes, ceux qui ont trop d'argent (les rentiers) et ceux qui n'en ont pas assez (les entrepreneurs).

Par performance relative, nous entendons simplement le rapport entre la valeur de deux portefeuilles que n'importe quel Français - à qui son banquier aura conseillé d'avoir une partie de son argent en sicav obligataires, et une autre partie en sicav actions - peut détenir.

Autrement dit : est-ce que mes obligations rapportent plus que mes actions, ou mes actions mieux que mes obligations ?

Le graphique suivant montre un exemple de cette performance *relative*.

Quand la ligne grise monte, cela veut dire qu'il valait mieux avoir investi son épargne en obligations.

Quand la ligne grise baisse (les actions montent par rapport aux obligations), cela signifie que faire un petit brin de conduite aux entrepreneurs en étant actionnaire est une

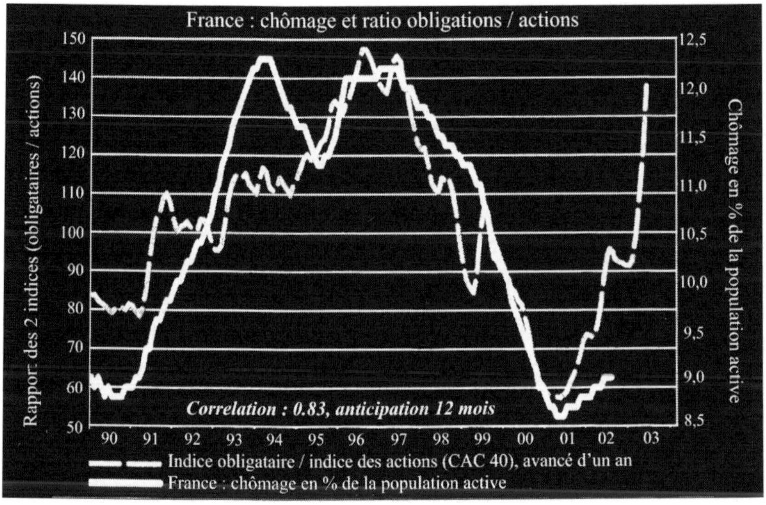

bonne idée.

Quand les entrepreneurs commencent à faire mieux que les rentiers, un an plus tard le chômage commence à baisser.

Quand le contraire se produit, un an plus tard, le chômage s'accroît.

Et cette relation se vérifie dans tous les pays du monde, à toutes les époques.

Là, nous devons avouer notre stupéfaction.

En France, nous avons eu un nombre incroyable d'articles, de livres, de discours qui parlent de *la tyrannie des marchés financiers*.

Nous avons même eu un texte de loi à propos de Michelin qui avait été obligé de licencier un certain nombre d'employés pendant le règne socialiste.

L'argument est toujours identique :

La direction de la société prend cette mesure pour satisfaire les investisseurs institutionnels anglo-saxons (version moderne et acceptable d'un nationalisme étroit). D'ailleurs, dès que des licenciements sont annoncés, le cours en Bourse monte. C'est une monstruosité ! Il faut protéger les citoyens contre la tyrannie du capital !

Il est inouï qu'en France toute une classe intellectuelle n'ait toujours pas compris cette réalité toute simple : le capital est une denrée extrêmement rare, dont l'utilisation judicieuse commande notre avenir. Il ne doit pas être réparti en fonction de la rentabilité *moyenne*, mais de la rentabilité *marginale*.

Explication :

Imaginons un entrepreneur qui paie 100 ses dix premiers employés.

Imaginons que ceux-ci lui rapportent 130.

Il embauche immédiatement dix employés de plus qui ne lui rapportent que 110.

S'il embauche encore dix employés et que ceux-ci ne lui ramènent que 90, son profit moyen sera de : (130+ 110 + 90) - (100x3) = 30.

Son activité *moyenne* sera profitable.

Cependant s'il embauche les dix employés supplémentaires, il est *idiot* puisque sur *chacun d'eux* il perd de l'argent.

Il gagne de l'argent *en moyenne* et en *perd à la marge*.

Il gaspille son capital et celui de ses actionnaires.

Gaspiller du capital « à la marge », comme nous l'avons montré et comme toute l'histoire du communisme et du socialisme le prouve, c'est créer le chômage et entraîner la baisse du niveau de vie.

On ne peut imaginer de politique plus durablement *antisociale.*

Si la Bourse monte, l'emploi montera un an plus tard.

Si la Bourse baisse, l'emploi baissera et le chômage augmentera, un an plus tard.

Si Danone gagne plus d'argent, Danone embauchera un an plus tard.

Si Danone gagne moins d'argent, Danone débauchera un an plus tard.

C'est tout.

S'indigner parce qu'une entreprise respecte le capital, c'est s'indigner parce qu'elle respecte ceux qui l'ont accumulé dans le passé (nos parents) et ceux qui vont en avoir besoin dans le futur (nos enfants).

Exiger la consommation immédiate du capital que nous avons reçu de nos ancêtres « pour maintenir l'emploi » est tout simplement faire preuve d'égoïsme, d'incompétence et de manque de solidarité entre les générations.

Après eux, le déluge.

C'est faire preuve d'un obscurantisme intellectuel tout à fait semblable à celui des ayatollahs, qui refusent les prêts à intérêt et interdisent de ce fait toute allocation rationnelle du capital, condamnant leurs pays à la stagnation perpétuelle. Entre les Talibans et l'extrême gauche, il y a un grand point commun : *ils haïssent la liberté individuelle*[13].

---

[13] D'ailleurs, le personnel dirigeant d'Attaque a fait ses classes au PCF, dont toute l'histoire, comme chacun sait, a été marquée par une honnêteté intellectuelle sans failles et un soutien constant à des régimes où la liberté individuelle était l'objet de tous les soins du pouvoir, pour l'empêcher.

Empêcher le capital d'aller librement là où la rentabilité est en hausse, interdire au capital de quitter les sociétés où la rentabilité est en baisse a, toujours et partout, mené à des désastres, économiques, sociaux, humains (chantiers navals, sidérurgie, Bull, Lipp, Union soviétique, Corée du Nord...).

Entraver la liberté de mouvement des capitaux, c'est entraver la liberté. C'est ainsi que toutes les tyrannies agissent : cela commence par les contrôles des changes et des mouvements de capitaux et peut se terminer dans des camps.

La liberté est un *continuum*, que nul ne peut interrompre sans conséquences dommageables immenses et immédiates.

Chapitre IX

L'équilibre instable entre rentier et entrepreneur : l'exemple des États-Unis

"Quand les événements changent, je change d'opinion. Pas vous ?"

Lord Keynes
(à qui ont reprochait d'avoir modifié son point de vue)

Foin des considérations politiques. Voyons un exemple tiré des comptes nationaux d'un grand pays, encore une fois les États-Unis.

Imaginons un rentier qui, en 1982, a peur de tout.

Il décide de mettre son argent en bons du Trésor américains (à trois mois).

De tous les placements, c'est le moins risqué pour un investisseur qui raisonne en dollars.

S'il a réinvesti sans arrêt, sans jamais toucher ni au principal ni aux intérêts, son capital a évolué comme il est décrit dans le graphique suivant.

(Pour un Français, un graphique équivalent serait celui de la performance d'un Fonds de trésorerie)

Compte tenu de l'intérêt - qui change tous les mois pour notre calcul - payé par le gouvernement américain, notre rentier qui aurait investi 100 dollars en 1982 détiendrait aujourd'hui 332 dollars.

Cette rémunération, c'est la *rente*.

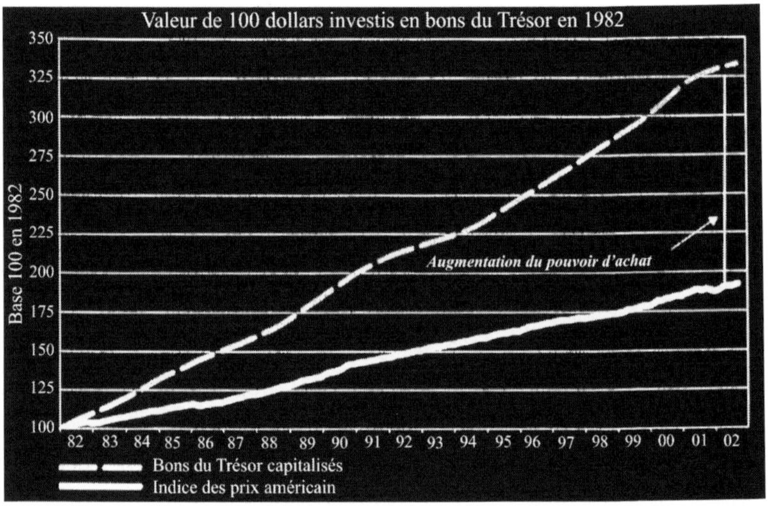

Elle ne prend en compte ni les impôts ni l'inflation bien entendu. (L'indice des prix, lui, est à 190, son pouvoir d'achat a donc bien augmenté...) Mais elle était tout à fait accessible à un fonds de pension et à la plupart des citoyens aux Etats-Unis dans le cadre de leur compte de retraite.

Comme nous n'avons cessé de le répéter, la rémunération des entrepreneurs est le profit. En bonne logique économique, l'évolution historique des profits doit donc être supérieure à la rente.

Vérification :

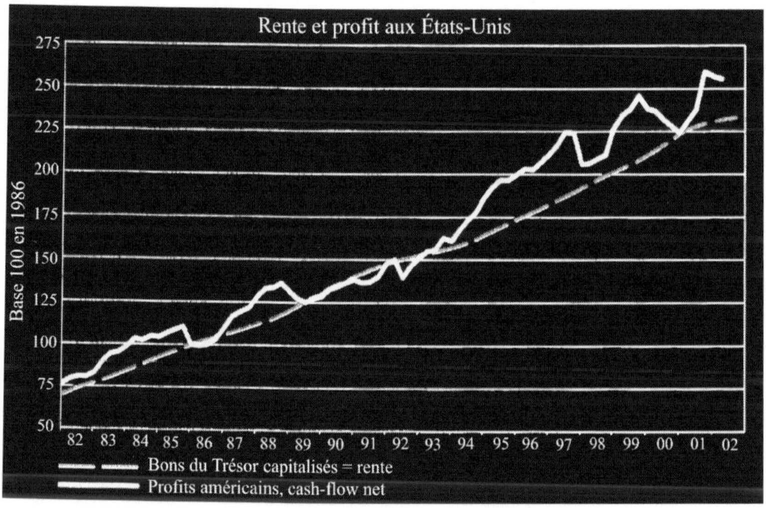

Ça marche !

La croissance des profits a été supérieure à la croissance de la rente, et l'économie américaine s'est développée normalement sur les vingt dernières années.

Au point où nous en sommes, nous pouvons essayer de vérifier si ce qui fonctionne sur vingt ans fonctionne aussi sur un an.

Calculons la *variation* de la rente et des profits sur douze mois, pour voir...

Voilà qui est fait, et les périodes en gris clair correspondent aux moments *où sur les douze mois précédents, la rente a été supérieure au profit* (ligne pointillée au-dessus de la ligne blanche) : nos petits copains entrepreneurs sont en train de se prendre une claque *cyclique* et ont probablement du mal à honorer leurs dettes...

Reportons ces périodes en vert clair sur le graphique suivant et presto !

Nous constatons que tous ces moments ont été *suivis*, soit par un ralentissement, soit par une bonne vieille récession.

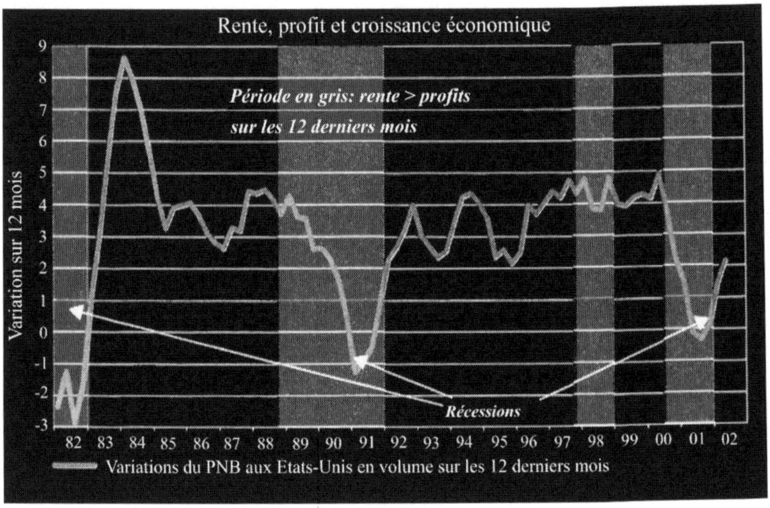

Quand l'entrepreneur prend une claque par rapport au rentier, il est urgent de courir vers les abris (à dire vrai, parfois il est trop tard). Et il est sage de ne pas franchir le parapet pour charger l'arme au clair tant que les entrepreneurs continuent à souffrir...

Ce qui nous conduit à un nouveau binôme économique, mais celui-là, nous ne l'avons pas trouvé par hasard, sans le chercher :

Si le rentier touche plus que l'entrepreneur soit à long terme, soit à court terme, l'économie cesse de croître.

Tout cela est bien joli, mais la sirène d'alarme risque de se déclencher *après* les bombardements : les statistiques sur les profits sont publiées avec plusieurs mois de retard et les utiliser comme indicateur pour sortir de la tranchée risque d'être coûteux.

Heureusement, il y a la Banque centrale américaine (Zorro, dans la mythologie financière).

C'est elle, et elle seule, qui contrôle les taux d'intérêt à court terme.
C'est-à-dire pour notre rentier la rentabilité de son placement.

Si la banque centrale se rend compte que les rentiers gagnent plus que les entrepreneurs, c'est-à-dire si le système économique se met à marcher sur la tête, la solution est simple :

La banque centrale doit faire s'écrouler les taux courts pour que la structure normale du risque soit rétablie.

Vérification :

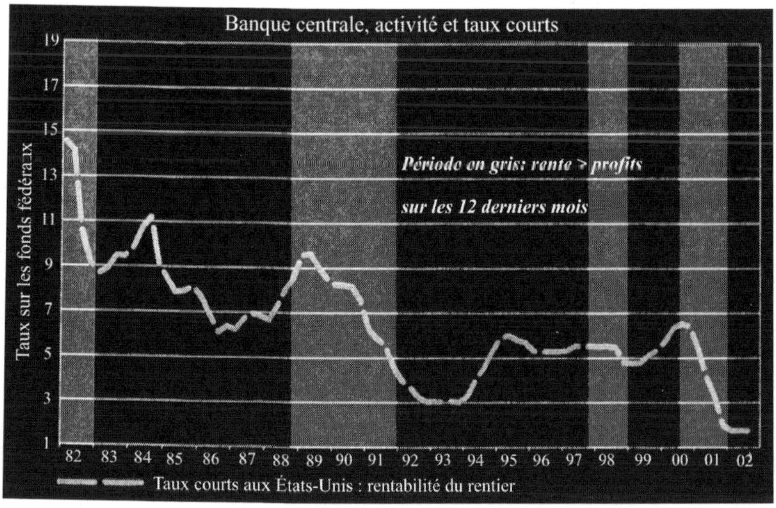

Chaque fois qu'il y a danger de ralentissement dangereux (les périodes grises sur le graphique), la Réserve fédérale intervient pour empêcher que la difficulté ne se transforme en désastre (les taux courts contrôlés par la « Fed » - surnom affectueux donné à la Banque centrale américaine par les marchés - s'écroulent :

- de 17 % à 9 % en 1981-82 ;
- de 9 % à 3 % en 1991-1992 ;
- de 6,5 % à 1,75 % en 2001-2002 !

Dès que la rentabilité de l'entrepreneur baisse sous celle du rentier, l'institut d'émission coupe les taux courts, ce qui a pour effet :

- de réduire les frais financiers des entrepreneurs qui se sont endettés ;
- de rendre rentables de nombreux investissements qui ne l'étaient pas à l'ancien niveau des taux, ce qui relance l'investissement ;
- de transférer du pouvoir d'achat de ceux qui épargnent, et donc consomment peu, vers ceux qui s'endettent et donc consomment beaucoup ;
- en résumé, de faire repartir l'activité économique dans le bon sens, avec un an de décalage comme le montre le graphique suivant.

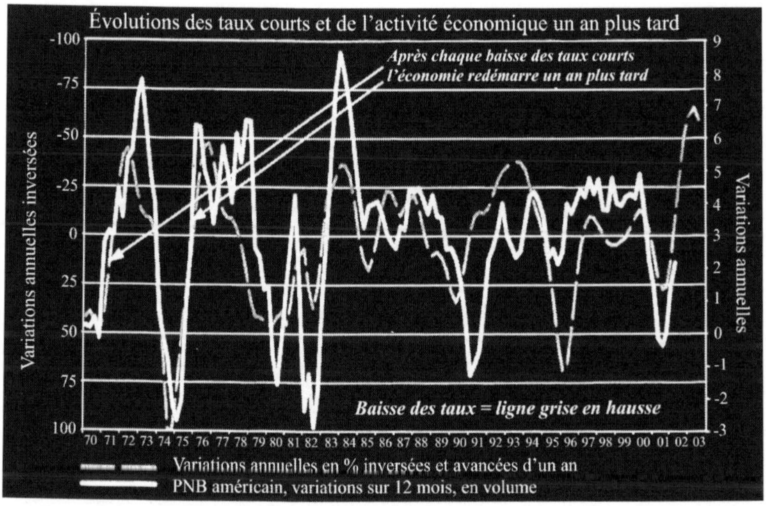

Depuis 1970, chaque baisse des taux a été suivie un an après par une reprise de la croissance, chaque hausse par un ralentissement ou une récession (les délais de réponse ont varié entre neuf et dix-huit mois, la moyenne s'établissant à douze mois).

L'économie est très sensible aux taux d'intérêt, avec un an de délai de réaction. Et bien entendu, l'emploi aussi, comme le montre le dernier graphique de ce chapitre, qui prouve, si besoin en était, que le véritable ennemi des travailleurs, c'est le rentier (qui n'a jamais créé un emploi) et non pas l'entrepreneur, qui passe sa vie à créer des emplois dans l'espoir, purement égoïste, de s'enrichir...

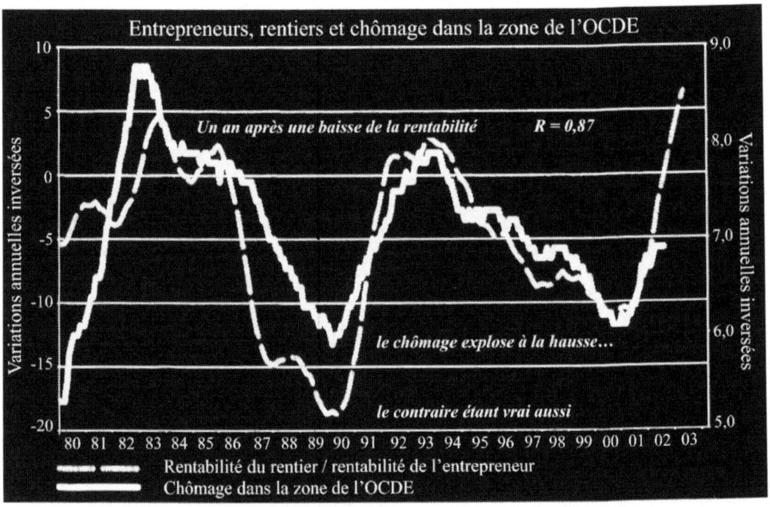

Quand le rentier gagne plus que l'entrepreneur, le chômage augmente et continue d'augmenter tant que cet état de fait persiste.

Ce qui constitue notre sixième binôme (cause-conséquence).

Nous venons de décrire les actions d'une banque centrale « pragmatique ».

Du genre de celle qui opère aux États-Unis et en Grande-Bretagne.

Si elle craint l'inflation, elle fera monter les taux courts *au-dessus* du taux de croissance de l'économie pour calmer les ardeurs excessives des preneurs de risque.

Si elle craint que le ralentissement ainsi déclenché ne devienne excessif, elle renverse la vapeur à toute allure.

L'ennui, c'est que toute une série de banquiers centraux ne croient pas à ce que nous venons d'écrire.

Leur thèse est que si, dans un pays, des « *excès* » ont été commis, il est beaucoup plus sain, « *à long terme* », de laisser le système se purger « *naturellement* ». Ce n'est pas à

eux de s'adapter au système, c'est le système qui doit s'adapter à eux.
Intervenir dans le processus d'assainissement, c'est prolonger inutilement la cure de désintoxication.

Pour eux, et en dépit d'une évidence statistique considérable, il n'y a pas de relation entre les taux d'intérêt et l'activité économique.

Il suffit d'examiner le précédent graphique pour se convaincre que c'est une ânerie.

La banque centrale -toujours d'après eux- n'a *aucune responsabilité* en ce qui concerne la croissance économique (ce qui est une contre-vérité puisque sa principale responsabilité est de déterminer le taux de la rente et donc le coût de l'argent pour l'entrepreneur).

Pour eux :

- toute intervention de la banque centrale dans les processus cycliques est « pire qu'un crime, c'est une faute » ;
- toute croissance est automatiquement porteuse d'inflation, tout déficit budgétaire un crime contre l'humanité, toute baisse des impôts une faute contre l'esprit ;
- pour réduire les déficits budgétaires, il faut augmenter les impôts. Il n'y a pas un seul cas historique d'un déficit du budget de l'Etat qui ait été réduit par une augmentation des impôts, mais cela ne les gêne en rien ;
- le contrôle de la création monétaire doit donc être retiré aux politiciens, pour qui, d'ailleurs, ils ont le mépris le plus profond et dont ils refusent le contrôle.

C'est à leur sujet (car le même débat avait lieu dans les années 30) que Keynes eut cette merveilleuse formule : « A long terme, messieurs, nous sommes tous morts. »

Leur mentor, leur modèle, a toujours été la Bundesbank, la Banque centrale allemande (BUBA).

« Tous les Allemands ne croient pas en Dieu, mais tous les Allemands croient en la Bundesbank. » (Jacques Delors)

Il faut savoir que, à la fin des années 60 et au début des années 70, les banques centrales pragmatiques - celles des Etats-Unis, de Grande-Bretagne, ainsi que la Banque de France - avaient laissé se développer une inflation tout à fait excessive en se montrant incapables de résister aux gouvernements qui leur demandaient de financer les déficits budgétaires par la création de monnaie.

Le résultat était bien entendu toujours le même : baisse des taux de change et inflation galopante.

Seule la Bundesbank avait pu résister à son gouvernement parce que les Britanniques, lors de sa création après la Seconde Guerre mondiale, avaient exigé qu'elle fût indépendante des pouvoirs politiques (pour éviter qu'elle ne finance le prochain dictateur). Ce qui fut fait et permit à la BUBA de résister à la pression des politiques vingt ans plus tard.

Et les banquiers centraux, partout, se prirent à rêver d'un monde où ils pourraient traiter les élus (pouah, quelle horreur !) avec le mépris qu'ils méritent.

C'est ainsi que la plus grande revendication corporatiste de la fin des années 80 fut celle de l'indépendance des banques centrales.

Cette revendication fut conquise de haute lutte au début des années 90 sur des hommes politiques rendus aveugles par le mirage de la monnaie européenne (jamais la Bundesbank n'aurait accepté la monnaie commune si la Banque centrale européenne n'avait pas été indépendante. Et alors... ?).

Après dix années d'indépendance, peut-être est-il opportun de porter un jugement sur la qualité de la gestion monétaire des instituts d'émission ?

Commençons par un pays qui n'a pas subi de changements politiques à répétition, puisque le même parti est au pouvoir depuis quarante ans, et où le seul changement a été celui de l'indépendance de la banque centrale : le Japon.

Nous allons montrer comment, en appliquant les théories de la BUBA (Bundesbank), la Banque du Japon en dix ans a fichu en l'air son pays, un pays qui avait connu les succès les plus remarquables dans les quarante années précédentes, quand la banque centrale y suivait le modèle pragmatique.

Ensuite, nous essaierons de prouver que ce qui a été si bien réussi au Japon est en train d'être appliqué, sur une plus grande échelle, à toute l'Europe.

Chapitre X

Le hara-kiri japonais, ou comment un banquier central conduit en dix ans la deuxième puissance économique du monde à la ruine

Résumé du chapitre précédent :

- il est sain que le rentier gagne de l'argent ;
- il est malsain qu'il en gagne durablement plus que l'entrepreneur ;
- quand cela se produit, l'économie cesse de croître et le chômage augmente ;
- la banque centrale détermine, par sa politique des taux à court terme, la rentabilité du rentier ;
- sur le long terme, la croissance du PNB et celle des profits devraient être à peu près équivalentes.

Armés de cette toute nouvelle connaissance, nous pouvons analyser la politique de la Banque centrale japonaise au cours des dix dernières années, pour comprendre comment elle a conduit son pays à la ruine.

Illustration :

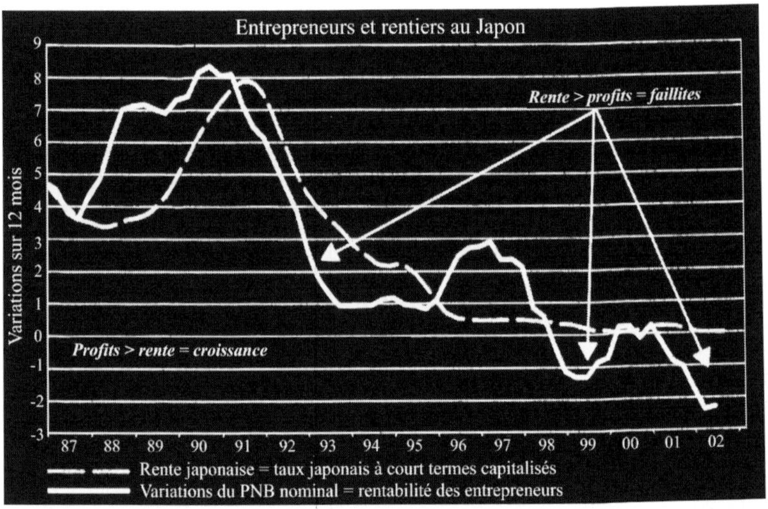

Depuis 1991, l'entrepreneur a gagné plus que le rentier en tout et pour tout pendant deux ans, 1996 et 1997.

Le reste du temps, soit huit années sur onze, le rentier a gagné plus que l'entrepreneur, les taux courts ont été maintenus au-dessus de la croissance.

Résultat : un record mondial de trois récessions en onze années et un système bancaire et financier en faillite.

Comment en est-on arrivé là ?

À la fin des années 80, comme nous l'avons déjà dit, la Banque centrale du Japon (BOJ pour les intimes) devient indépendante des pouvoirs politiques. A sa tête, le gouverneur Mieno, suivi par toute une série d'individus aussi compétents que lui.

À la suite d'une série d'erreurs, et de la communauté internationale et du gouvernement japonais (accords du

Louvre), une bulle spéculative s'était créée sur l'immobilier et la Bourse japonaise.

M. Mieno, dont le sens moral est très aigu, s'adjuge comme tâche de dégonfler la bulle. Il considère que les écarts de richesse qui se creusent au Japon sont un danger pour l'homogénéité sociologique du pays, à laquelle il est très attaché. Pas suffisamment attaché pour essayer de se faire élire sur ce programme, mais très attaché quand même. (Il s'agit d'une perversion de la démocratie. Les fonctionnaires ne sont pas là pour avoir des idées politiques mais pour appliquer celles des élus.)

Pendant cinq ans, il va maintenir constamment les taux courts au-dessus du taux de croissance du PNB nominal, pour punir les spéculateurs, ce qui témoigne d'une incompétence proprement invraisemblable. Certes, il baissera les taux courts, mais toujours trop peu et trop tard. Le danger serait en effet, selon lui, de « regonfler la bulle financière... » Sans arrêt, il nous dira que les taux sont « *à un niveau conforme à la stabilité des prix à long terme* ». Comme s'il en savait quelque chose !

Mais si cela avait été vrai, pourquoi les baisser six mois plus tard, chaque fois encore trop peu et encore trop tard... ?

L'un des résultats de cette pénurie de liquidités permanente organisée par la banque centrale est bien entendu que les recettes fiscales s'effondrent à cause des récessions, et que les dépenses explosent.

Le déficit budgétaire devient colossal.

Et c'est là qu'un bon banquier central montre sa *chutzpah*, mot juif new-yorkais qui signifie « culot ».

Devant le trou béant du budget de l'État, dont sa politique débile est responsable, il se tourne, l'air vertueuxet anxieux, vers les hommes politiques et leur enjoint de se montrer enfin « responsables » et d'augmenter les impôts, ou de « couper les dépenses de l'Etat ».

Comme si on pouvait couper les dépenses d'un Etat moderne en période de récession, et comme si augmenter des impôts réduisait les déficits.

Pour retourner à l'équilibre il faut que les recettes augmentent.

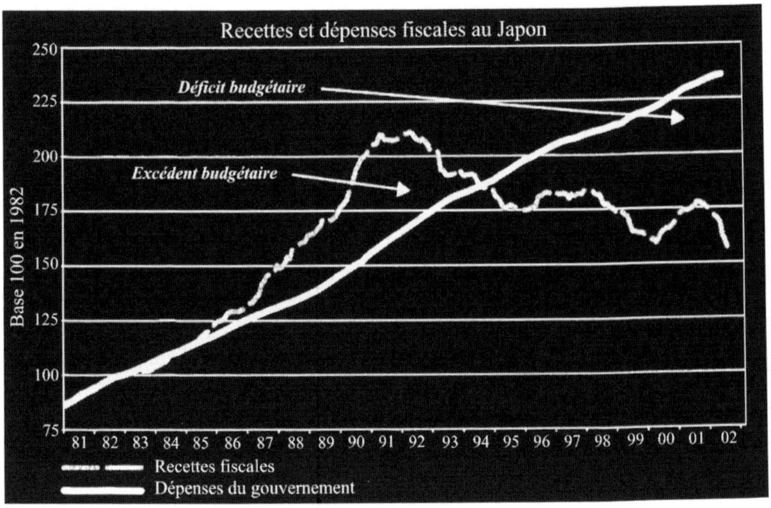

Pour cela, il faut de la croissance, ce qui signifie des taux courts *en dessous* du taux de croissance du PNB nominal[14], ce qu'il refuse de mettre en place, sans nous en donner la raison.

Le principe théorique semble être :
« Laisse faire le technocrate, il sait mieux que toi ce qui est bon pour toi. »

---

[14] Le PNB est simplement la somme de la richesse créée dans un pays en une année. C'est un peu l'équivalent au niveau national du salaire que chacun d'entre nous touche.

En effet, tout bon banquier central refuse de fournir des explications aux manants ou à leurs élus, et toute demande d'éclaircissement est immédiatement suivie de la menace d'un nouveau « *durcissement* » de la politique monétaire pour « *préserver l'indépendance de la banque centrale* », dont on peut vérifier chaque jour le bien-fondé...

Car cette indépendance est devenue le Saint-Graal et personne ne pose, ou n'ose poser, la question :

L'indépendance de la banque centrale, pour quoi faire ?

Les hauts fonctionnaires qui défendent cette notion essaient de nous faire croire qu'elle est de même importance que l'indépendance de la justice.

L'indépendance de la justice, principe constitutionnel sacré s'il en fut, est une nécessité vitale pour qu'une démocratie ou une économie de marché fonctionne harmonieusement.

Il n'existe pas de justice indépendante et nulle.

L'auteur peut en revanche citer de nombreux cas de banques centrales nulles et indépendantes.

Si la banque centrale est nulle, comme la Banque de France dans les années 30 ou au milieu des années 90, qu'est-ce qui est plus important ? L'indépendance de la banque ou la santé économique et financière du pays ? On veut nous faire croire que l'indépendance de l'institut d'émission est un préalable à la croissance et qu'il ne peut y avoir de stabilité sans elle.

C'est une contre-vérité de plus, du même acabit que le rôle moteur du prolétariat dans la théorie léniniste, qui, comme ce dernier concept, ne repose sur aucune réalité historique.

Le problème à régler est en effet tout simple : qui doit fixer le taux de rentabilité pour le rentier, et selon quelles procédures ?

Il s'agit d'un débat purement technique, *sans aucune incidence constitutionnelle.*

Mais revenons au Japon

L'ennui, avec une politique inadaptée, c'est que si elle ne change pas, les mêmes causes continuent à produire les mêmes effets.

Une politique de croissance monétaire insuffisante enclenche d'abord une période de faible croissance *nominale (ne pas se laisser impressionner par les termes techniques employés par les économistes. Croissance nominale signifie la somme des chiffres d'affaires).*

Si la politique de la banque centrale ne change pas, en fin de parcours, nous avons ce que nous appelons « le retour de Godzilla »...

Et ce retour, c'est celui de la DÉFLATION, c'est-à-dire de la baisse généralisée des prix (comme son pendant l'inflation, toujours et partout le résultat d'une erreur de politique monétaire).

C'est alors que les règles du jeu changent vraiment...

Notre lecteur se souvient peut-être que pendant les années 60 ou 70 tout le monde (sauf lui) s'est enrichi en s'endettant pour acheter de l'immobilier.

La hausse des prix faisait monter la valeur des biens immobiliers, tandis que le service de la dette était rendu toujours plus facile par l'inflation.

Eh bien, en déflation c'est tout le contraire : celui qui a une dette s'appauvrit petit à petit et, à la fin, il saute...

Qu'on imagine une dette de 100, à rembourser dans dix ans, et des prix qui baissent de 10 % par an.

Le coût effectif, *en termes de pouvoir d'achat*, de remboursement de cette dette sera de 110 au bout d'un an, 121 après deux ans, 134 la troisième année, etc.

Le rentier a l'impression de s'en mettre plein les poches, mais l'endetté (entrepreneur) ne gagne pas ces sommes, il s'en faut de beaucoup.

Il s'enfonce de plus en plus dans la dette, emprunte pour payer les intérêts, vend ses actifs (dont les prix s'écroulent) et à la fin, même l'Etat fait faillite, emportant avec lui les économies de nos pauvres rentiers (cf. l'Argentine récemment).

Les gains du rentier étaient complètement illusoires...

Pour passer dans ce système *implosif*, il faut et il suffit que le PNB se mette à baisser en termes *nominaux* (les chiffres d'affaires de la plupart des sociétés industrielles ou commerciales baissent), et qu'il y ait des gens endettés. C'est ce que nous appelons « la ligne à ne pas franchir, la ligne rouge ».

La ligne rouge a été franchie au Japon, le PNB nominal a baissé.

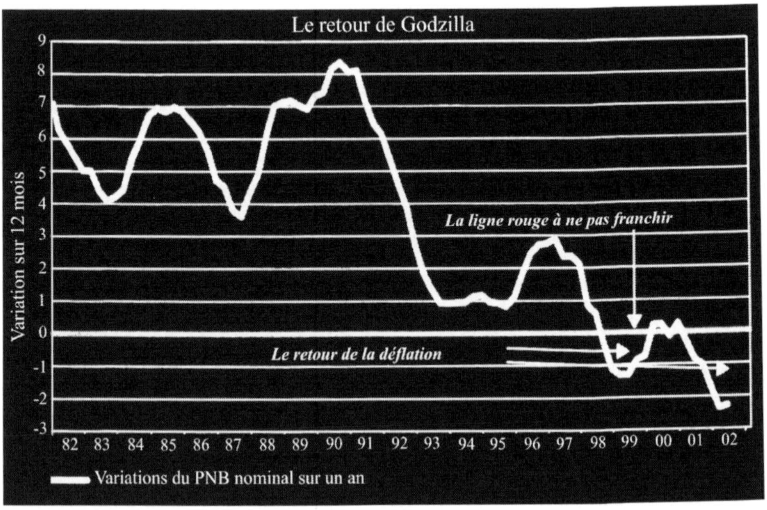

Les taux courts sont à zéro, mais c'est trop tard : c'est il y a quatre ans qu'ils auraient dû être mis à ce niveau.

Les prix baissant de 5 % par an, cela donne des taux réels (taux d'intérêt moins hausse des prix) à +5 %, des taux punitifs dans une économie qui croît de 1 % par an en volume...

Le rentier gagne 5 % par an, l'entrepreneur 1 %.
Les taux courts atteignent zéro, et la banque centrale ne peut plus rien faire...

Le meilleur investissement, c'est alors de rembourser ses dettes, et surtout, surtout, de ne pas investir : personne n'emprunte, tout le monde rembourse.

« Qui paie ses dettes s'enrichit. »
(Vieux proverbe français, typique des cycles déflationnistes du XIX ème siècle)

C'est là que cela devient amusant (si l'on veut).

Car, après les déflations, les banques centrales perdent *toujours* leur indépendance - et à juste titre (si elles sont toutes devenues soumises aux pouvoirs politiques après les années 30, ce n'est pas par hasard). Après tout, sanctionner l'incompétence est un des principes fondateurs de la démocratie et du capitalisme.

Si l'indépendance de la banque centrale est suivie par une catastrophe économique et sociale, même les plus naïfs y verront peut-être une relation de cause à effet...

Pour parodier Clemenceau - qui avait la même idée à propos des généraux et de la guerre - tout le monde se rend compte d'un seul coup que :

« La monnaie est une chose trop importante pour être laissée aux banquiers centraux. »

Les électeurs japonais, très fâchés (on le serait à moins), décident de porter au pouvoir M. Koyjumi, qui avait manifesté quelques velléités d'indépendance.

Panique générale à la Bank of Japan.

Du coup, celle-ci se met à imprimer de la monnaie comme une folle, ce qu'elle aurait dû faire depuis des années.

La ligne grise, qui indique les liquidités que la banque centrale fournit aux banques commerciales, après avoir stagné pendant dix ans (sauf à la fin de 1999 pour préparer Y2K[15]), d'un seul coup, explose à la hausse...

Ce n'est pas le désastre qu'elle a engendré au Japon qui la fait réagir, mais la crainte de devoir à nouveau se soumettre au contrôle des politiques.

---

[15] Passage à l'an 2000, où l'on a redouté un bogue informatique mondial. Les banques centrales ont alors inondé les marchés de billets de banque, au cas où les cartes de crédit n'auraient plus fonctionné.

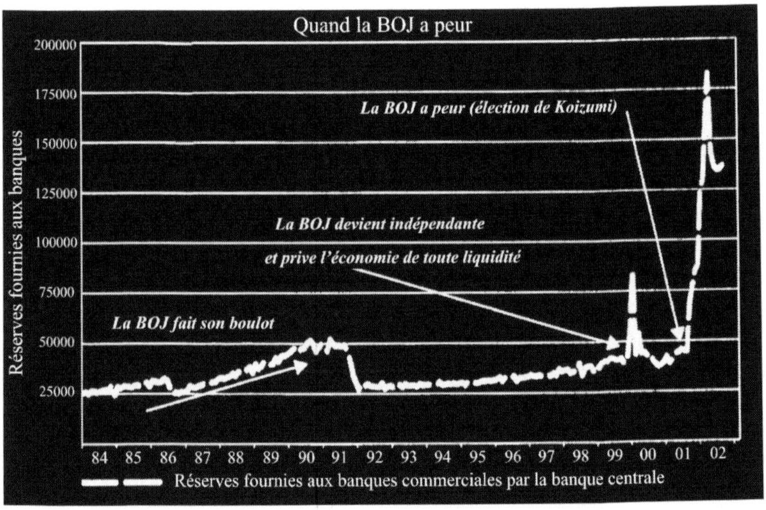

Comme il est beau de voir des fonctionnaires agir en fonction de l'intérêt général et non de leur intérêt particulier ! Cela donne envie de pleurer... de rage.

Quel rapport avec la France, l'Europe ou la Banque centrale européenne ?

Bien plus qu'il n'apparaît au premier abord.

Nous avons un peu procédé comme la Miss Marple d'Agatha Christie, par analogie.

Le temps est venu maintenant de rassembler tous les suspects dans la bibliothèque, pour dévoiler enfin le nom du coupable, ainsi que les méthodes qu'il a utilisées pour perpétrer ses forfaits.

Nous n'avons pas le moindre doute que le lecteur a déjà tout deviné, mais, comme Hercule Poirot (Agatha Christie, encore), nous ne détestons pas faire étalage de la qualité de nos petites cellules grises.

Un mot pour les âmes sensibles : le suspense va devenir insoutenable, nous allons devoir parler de sujets qui ont toujours déclenché les passions populaires et les révolutions, tels les taux de croissance de la masse monétaire, les taux d'intérêt réels, les taux de change, l'endettement de l'État...

Mais la connaissance a un coût, et si le prix à payer est la fin du confort intellectuel de nombreux Européens, tant pis.

Si nos analyses engendrent de nombreuses nuits sans sommeil, si le lecteur ne peut s'arracher au livre tant il veut savoir, tant pis encore.

Rien ni personne ne doit entraver la marche de la vérité.

Chapitre XI

Le crime, ou comment la Bundesbank a fait le nécessaire pour que la réunification allemande échoue

"Allemagne, toi dont les vertus engendreront beaucoup plus de drames que les défauts des autres nations."

Nietzsche

Le crime

Replaçons-nous à la fin de l'année 1989, dans le contexte de ces mois fatidiques pendant lesquels le président de la République française d'alors se précipitait en Allemagne de l'Est pour assurer les autorités communistes du soutien indéfectible de la France.

Comme le général de Gaulle, il aimait tellement l'Allemagne qu'il était fort content qu'il y en eût deux...

Toutes ces manœuvres de retardement un peu pitoyables furent balayées par la chute du mur de Berlin.

C'est alors que le chancelier Kohl frappa un grand coup : il offrit de changer tous les dépôts en OM en DM (l'OM, ce n'est pas de l'équipe de football de Marseille dont il est question ici, mais de la monnaie d'Allemagne de l'Est, non convertible et qui ne valait rien ; le DM, c'est le deutsche Mark bien sûr) au cours de un DM pour un OM.

C'était un peu comme d'échanger une Traban contre une Mercedes.

Il s'agissait en fait d'une très jolie « prime de bienvenue » à de pauvres compatriotes, qui en avaient bien besoin et qui l'avaient bien méritée.

Ce changement multiplia considérablement la quantité de monnaie en Allemagne : il fallut faire fonctionner la planche à billets en continu (cf. graphique suivant).

Après tout, le nombre des citoyens venait de s'accroître de 20 %, rien d'anormal donc à ce que la masse monétaire augmente, sauf pour la Bundesbank, bien entendu.

Pour ce gardien de l'orthodoxie monétaire, l'important n'était pas que l'Allemagne soit enfin réunifiée, mais qu'à l'occasion de ce bouleversement les politiques aient retrouvé un très court instant le droit de dicter leur loi à la banque centrale.

Ce crime impardonnable ne pouvait rester impuni.

Depuis douze ans, les citoyens allemands en premier, puis les autres Européens, paient, paient encore, paient toujours pour satisfaire des banquiers centraux devenus ivres de pouvoir et à qui personne n'ose demander des comptes...

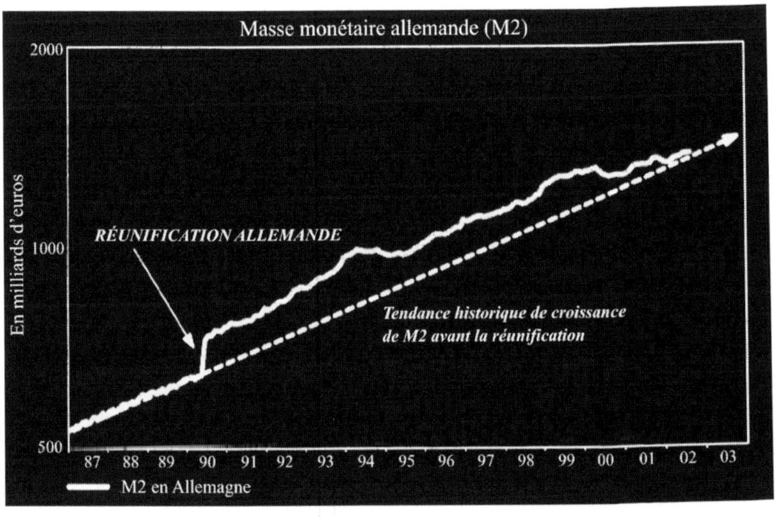

Car la Bundesbank était - de droit - seule responsable de la création monétaire en Allemagne.

Or convertir des OM en DM, c'était créer des DM (le saut vertical sur la ligne continue). D'où la *Kolossal* fureur de la Bundesbank... qui décide alors tranquillement, sans *aucune légitimité démocratique* et sans que personne puisse l'en empêcher, de mener une politique visant à renverser cette décision extrêmement populaire, et donc de retirer de la circulation tous ces nouveaux DM créés par une décision d'un homme d'Etat, agissant en sa qualité d'élu à un moment historique pour son pays.

Ce que Kohi avait donné fort démocratiquement, la Bundesbank le retire, par diktat...

Depuis douze ans donc, la politique de la BUBA, entérinée ensuite par la Banque centrale européenne, *a eu un objectif, et un seul* : retourner au taux de croissance historique de la masse monétaire allemande d'avant la réunification (ligne en pointillé sur le graphique), et effacer cette horrible tache de son pedigree.

Et cela à n'importe quel prix.

Chose faite douze ans après.

Il nous faut maintenant étudier les armes que ce fou incontrôlé a utilisées depuis douze ans.

Les armes du crime

La banque centrale a une première arme dans sa panoplie, comme nous l'avons déjà indiqué : *c'est elle qui a la responsabilité de fixer le niveau du taux d'intérêt à court terme*. Cela revient à dire que c'est elle qui a la responsabilité de déterminer la rentabilité de ses placements *pour le rentier* (cf. chapitres précédents).

Si les taux courts sont trop bas, tout le monde emprunte, personne n'épargne, la masse monétaire explose à la hausse et quelque temps après l'inflation fait son apparition (scénario des années 1968 à 1983 en France).

Si, en revanche, elle maintient le taux court à un niveau trop élevé, que va-t-il advenir ?

Comme nous l'avons vu dans les deux chapitres précédents, cela signifie que les entrepreneurs ne gagnent pas assez d'argent pour payer les intérêts de leur dette, ou ne peuvent rémunérer le capital de leurs actionnaires.

Ils vont donc :

- faire faillite
- cesser d'investir ;
- essayer de rembourser leurs dettes.

Dans tous ces cas de figure, la masse monétaire se contracte.

Ce que voulait la Bundesbank, c'était annuler l'accroissement de la masse monétaire créée par la conversion *Ostmark-deutsche Mark*.

Comme le montre le précédent graphique, elle est arrivée à ses fins.

Il est donc fort probable que les taux courts ont été maintenus à un niveau trop élevé et ce, depuis douze ans.

Vérification.

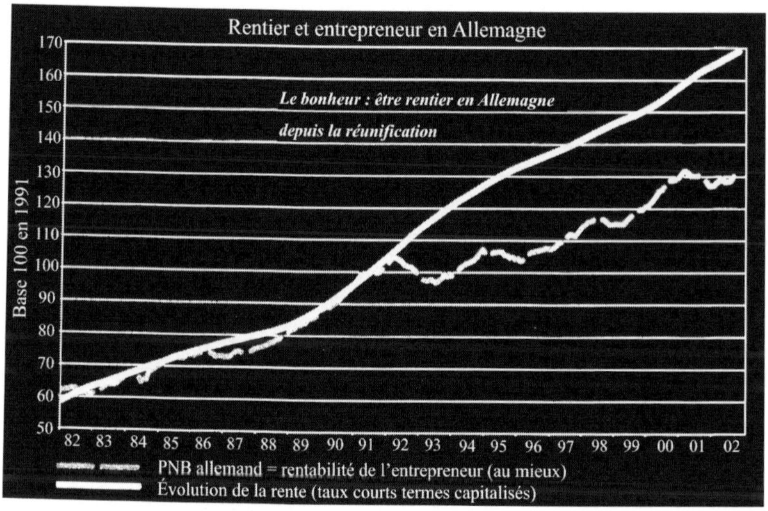

Personne ne sera surpris : de 1982 à 1992, le partage de la rentabilité entre rentiers et entrepreneurs est normale.

Depuis 1992, changement à vue : la situation est idyllique pour le rentier, catastrophique pour l'entrepreneur.

Si nous prenons la variation sur douze mois de la rentabilité du rentier et de l'entrepreneur (comme pour les Etats-Unis), nous sommes dans une situation pire qu'au Japon, ce qui n'est pas peu dire.

Depuis dix ans, les entrepreneurs gagnent chaque année moins que les rentiers.

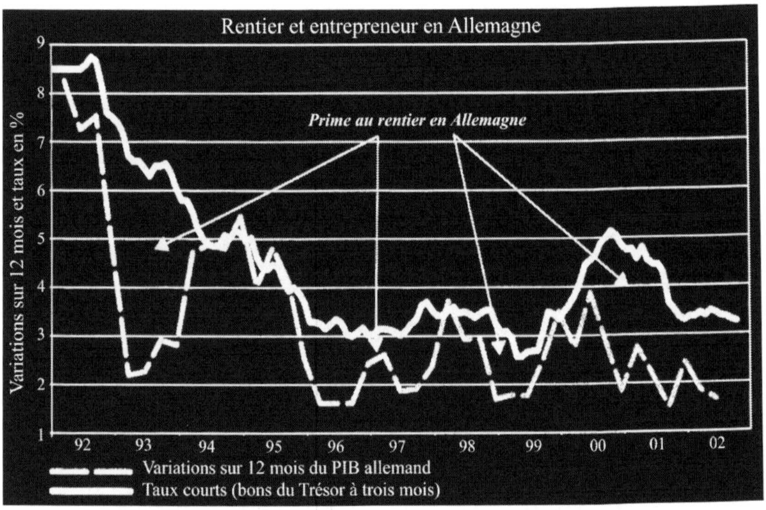

Et comme prendre des risques ne rapporte rien, ils n'investissent pas.

Examinons simplement l'évolution des investissements productifs aux Etats-Unis et en Allemagne depuis 1992.
Base 100 en 1992, les États-Unis sont à 200 et l'Allemagne à 100.

L'Allemagne a investi deux fois moins que les Etats-Unis depuis dix ans.

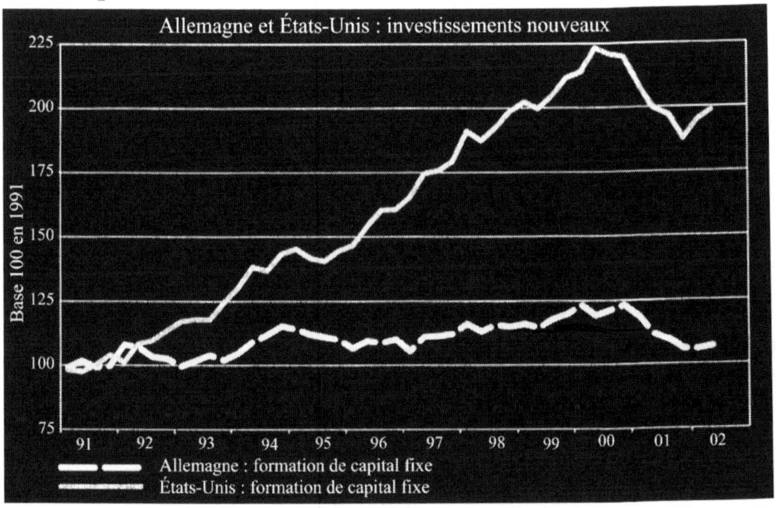

Ce qui signifie que le stock de capital dont dispose le travailleur allemand décroît à vue d'œil par rapport au stock de capital américain.

Le pauvre travailleur allemand se retrouve donc dans une situation où sa *productivité* ne cesse de se détériorer, en particulier à l'égard de son concurrent d'outre- Atlantique.

Ici, nous devons (peut-être) faire un rappel : *la productivité*, c'est la production par tête de pipe : nombre de voitures produites par an et par ouvrier chez Renault par exemple, ou bien, tonnes de blé par agriculteur et par moisson.

Il y a deux façons de faire croître cette productivité :

- sur le long terme, mieux former les travailleurs et les dirigeants, ce qui pose le problème du système éducatif ;
- sur le court terme, mettre plus de capital à la disposition de chaque travailleur, ce qui pose la question de la rémunération du capital (entrepreneur).

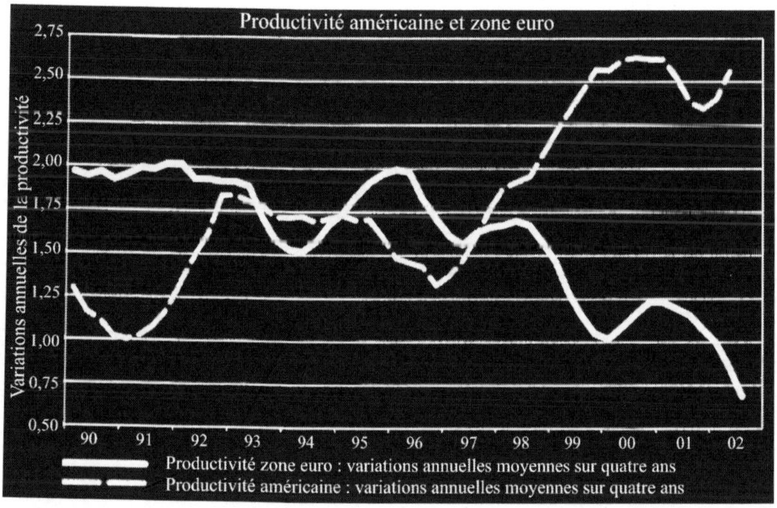

Comme on le voit, depuis 1996, la moyenne sur quatre ans de la *hausse* de la productivité du travail aux Etats-Unis est passée de 1,6 % à 2,6 %.
Pendant la même période, la même mesure *dans la zone euro* a baissé de 1,6 % à 0,6 % par an.

Pourtant, le travailleur européen était aussi bien formé que son homologue américain.

Mais si l'Européen travaille sur des machines qui ont dix ans d'âge tandis que son concurrent bosse sur des machines de l'année, il ne faut pas s'étonner si la productivité américaine augmente tandis que l'européenne diminue.

... Et comme ce sont les entrepreneurs qui achètent les machines...

... et qu'ils n'en achètent que si le coût du capital est inférieur à sa rentabilité...

... on voit bien que la politique de la Bundesbank est directement à l'origine de la baisse de la productivité en Europe.

CQFD

Dur, dur... des fonctionnaires qui entravent la croissance économique par leur action.

Voilà qui est nouveau et audacieux comme théorie (car, au contraire des Etats-Unis, *tous* les membres du conseil d'administration de la Banque centrale européenne sont fonctionnaires).

Et il nous faut constater un nouveau miracle : nous venons de mettre en lumière une de ces relations logiques qui nous sont si chères :

Sans investissements, pas de productivité, sans accroissement des investissements, pas d'augmentation de la productivité.

Mais après tout, la productivité, n'est-ce pas la mesure de l'exploitation des travailleurs par les - horribles, cela va sans dire - capitalistes ?

Et pourquoi cela devrait il nous inquiéter ?

Parce que, sans hausse de la productivité, pas de hausse *générale* du niveau de vie.

Nous avons, tout au long de notre vie, rencontré très peu de gens prêts à accepter une baisse sensible de leur niveau de vie tout en travaillant autant. On mentionne quelques cas d'individus qui travaillent comme des fous dans des monastères ou des ashrams, mais il est difficile d'établir une règle de fonctionnement des économies modernes sur ce sacerdoce.

Pour que la hausse du niveau de vie de l'auteur (à laquelle il est très attaché) ne se fasse pas au détriment de quelqu'un d'autre dans le système, il faut que la productivité *moyenne* augmente.

L'auteur a beaucoup sévi dans le monde des affaires et celui de la finance et il veut faire part de son expérience, ancrée dans la dure réalité : tout le monde est toujours d'accord pour partager des profits à venir.

Mais si l'on veut revenir sur une répartition de profits *existants ou passés*, les engueulades sont incroyablement sanglantes.

Rappel :

L'augmentation de la productivité est la seule chose qui permette la hausse générale du niveau de vie.

Sans hausse de la productivité, ce que je gagne, je le prends à quelqu'un d'autre

Et voilà un autre de nos binômes (nous sommes décidément très en forme) :

Il ne peut y avoir ni hausse du niveau de vie ni paix sociale sans hausse de la productivité.

En conséquence, tout le débat démocratique au sujet de la marche des affaires devrait porter sur deux questions, et deux seulement :

- comment maximiser ou à tout le moins optimiser la croissance de la productivité ?
- comment répartir cette croissance au mieux entre toutes les parties prenantes ?

Tout ce travail de définition (dont nous admettons qu'il est parfaitement rasoir) va nous permettre maintenant d'éclaircir un des mystères qui a intrigué le plus les milieux informés en Europe : pourquoi, malgré les qualités intellectuelles éminentes de tous les membres du conseil d'administration de la BCE, l'euro a-t-il baissé de 1998 à 2002 ?

Si la productivité américaine est à la fois plus forte et monte plus rapidement que sa contrepartie européenne, *dans un monde concurrentiel* les entrepreneurs sur le Vieux

Continent n'ont aucune chance, ils feront tous faillite. Si les coûts de mon concurrent baissent et pas les miens, la banqueroute n'est pas loin...

Sauf si l'euro baisse pour compenser sans arrêt la différence de productivité. Vive donc la baisse de l'euro qui protège nos entrepreneurs contre la stupidité de nos banquiers centraux !

Ce qui a eu lieu, bien entendu, et heureusement (cf. graphique).

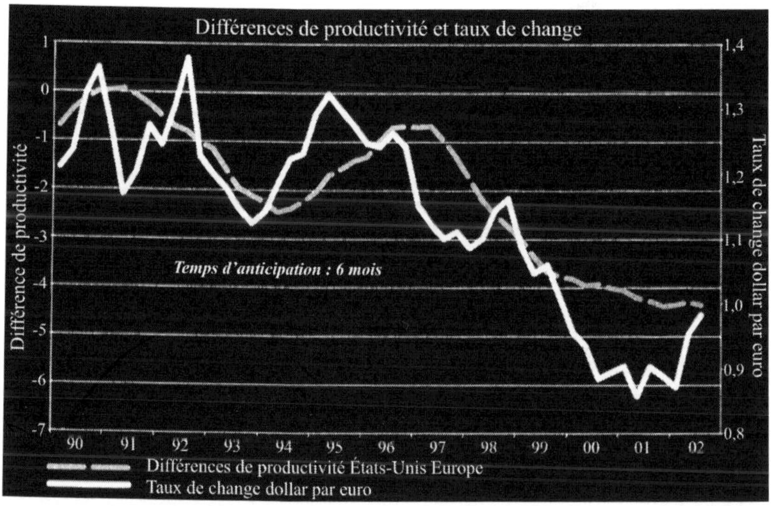

La baisse de l'euro est la seule chance de s'en sortir pour l'entrepreneur européen, dans les circonstances actuelles

Imaginons cependant que pour des raisons que nous expliquons un peu plus loin, l'euro ne se mette à monter contre le dollar. L'entrepreneur européen se retrouve très rapidement, du fait de cette hausse, dans une position non concurrentielle. Compte tenu des rigidités de son environnement, la variable d'ajustement ne peut être que les profits de ses sociétés qui s'effondrent. Son cours de bourse s'écroule. Il cesse d'embaucher puis commence à débaucher. Le chômage, comme nous l'avons déjà montré, suit les profits avec un an de décalage. Rentrées fiscales en baisse, chômage en hausse, le déficit budgétaire explose en hausse...

« Et voilà, monsieur, pourquoi votre fille est muette. »

Les génies qui nous gouvernent ont donc mis au point un merveilleux système monétaire ou il apparaît que si la pièce tombe sur pile, je perds, et si la pièce tombe sur face..., je perds aussi.

Même pour un joueur acharné comme l'auteur de ce livre, ce jeu paraît passablement idiot...

A notre avis, il serait grand temps de mettre à la retraite tous ces braves gens et de nommer au conseil de la BCE, comme l'avait fait Ronald Reagan pour la Banque centrale américaine, quelques économistes universitaires ou de marché... »

Car, non contents d'être nuls, ils mettent en danger le futur de nos enfants.

Replaçons-nous fin 1990 : le nombre de travailleurs allemands augmente d'un seul coup d'environ 20 %.

Certes, ils sont tous allemands, et donc désireux de bien faire et avec une forte éthique de travail.

Mais le stock de capital à partir duquel ils doivent travailler est complètement obsolescent et totalement inutilisable.

Qui plus est, ils sont mal formés : quarante-cinq ans de communisme décervelant ne peuvent pas ne pas laisser des traces.

Stock de capital insuffisant et de mauvaise qualité + travailleurs mal formés = faible productivité = monnaie en baisse (voir paragraphes précédents).

Selon les calculs de l'époque, la productivité d'un travailleur est-allemand atteignait à peine 50 % de celle de son compatriote de l'Ouest.

Faisons une petite règle de trois : 100 travailleurs avec une productivité de 100 + 20 travailleurs avec une productivité de 50, cela nous donne une productivité moyenne pour les 120 travailleurs allemands de (100 x 100 + 20 x 50)/120 = 91,66.

Compte tenu de l'arrivée des populations d'Allemagne de l'Est, la productivité moyenne de l'ensemble de la nouvelle Allemagne a donc baissé de 100 - 91,66 = 8,34 %.

Ce calcul est évidemment très approximatif, mais, comme disait Keynes : « *Il vaut mieux avoir à peu près raison que précisément tort.* »

En bonne logique donc, le DM, *alourdi* par cette nouvelle charge, aurait dû voir son cours de change baisser d'environ 10 %, ce qui aurait permis au pays de *se retrouver dans une position concurrentielle comparable à celle d'avant la réunification.*

Eh bien, pas du tout : le DM, dans les cinq années qui suivirent ce moment historique, passa au travers du toit, comme le montre le graphique ci-dessous.

Contre un panier de monnaies de pays concurrents, de 1990 à 1995, le DM, au lieu de baisser de 10 %, est *monté* de 30 % et, aujourd'hui, il est toujours à 5 % au- dessus du niveau de 1990.

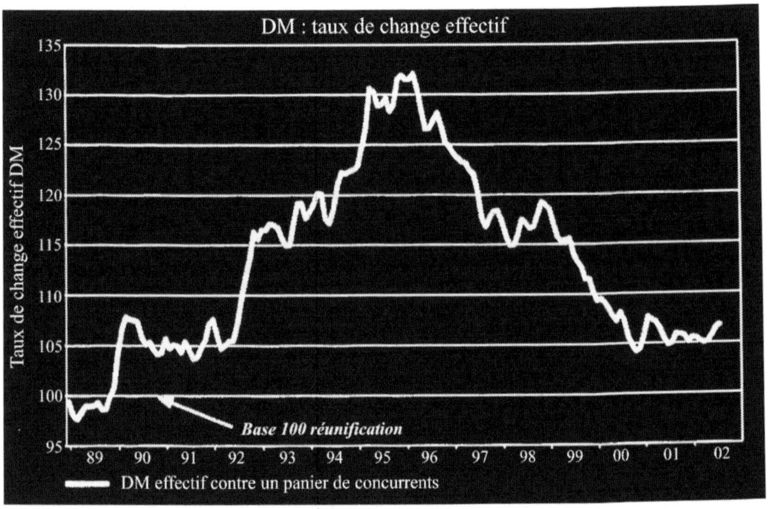

Que le lecteur se mette dans la peau de l'entrepreneur allemand : non seulement il ne peut pas embaucher ses compatriotes *est-allemands*, mais nombre de ses employés *ouest-allemands*, qui étaient à peine rentables avec un DM à 100, ne peuvent justifier leurs salaires avec un DM à 130.

Il faut donc les virer, ou faire faillite.

Comment expliquer ce dérapage ?

Une erreur du marché ?

C'est peu probable, car le marché a une façon très particulière de fonctionner, qui tend d'ailleurs à le rendre impopulaire chez les esprits limités : à court terme il se trompe toujours, à long terme, presque jamais.

L'explication est assez simple : le marché est un peu comme un conducteur de voiture qui donnerait alternativement de grands coups de volant à droite et à gauche pour aller tout droit. Les passagers ont tendance à être malades, mais si l'on regarde sur une carte après coup, on est surpris de voir à quel point la trajectoire est recti- ligne.

Bien entendu, c'est tout le contraire pour la technocratie qui conduit souplement, sans à-coups et droit dans le mur. Tout du long, les passagers se sentent parfaitement en sécurité.

Le fait qu'ils n'arrivent jamais à destination n'impressionne que les esprits faibles et influençables.

Donc le DM aurait pu voir sa valeur monter pendant un, voire deux ans, compte tenu de l'enthousiasme déclenché par la chute du mur de Berlin.

Deux ans, mais pas cinq.

Une erreur de politique économique ?

Voilà qui paraît plus probable.

Un technocrate quelconque a dû utiliser son pouvoir pour manipuler le marché. Et ce quelqu'un, nous savons déjà que c'est la Bundesbank (Banque centrale allemande ou BURA).

Reste à déterminer comment elle est arrivée à ses fins.

La méthode était simple et toute d'exécution.

Revenons un instant à notre rentier.

Le rentier de base s'attend à gagner dans la monnaie de son pays :

- *au pire*, le taux d'inflation (taux réels à zéro) ;
- *au mieux*, le taux de croissance de l'économie à long terme.

Comme la croissance *réelle* allemande (déduction faite de l'inflation), en volume sur les vingt dernières années, s'est élevée à 2 % par an, la limite supérieure de ses gains aurait dû être 2 % *réels*.

Les taux réels en Allemagne auraient donc dû évoluer entre 0 % réel, quand l'économie était en récession, et un peu au-dessus de 2 % réels, quand la croissance était forte.

Vérifions.

Les taux réels ne sont *jamais* allés à zéro, et n'ont été en dessous de 2 % que pendant les récessions en Europe.

Le coût de l'argent a donc constamment été de 2 % supérieur à ce qui aurait été normal...

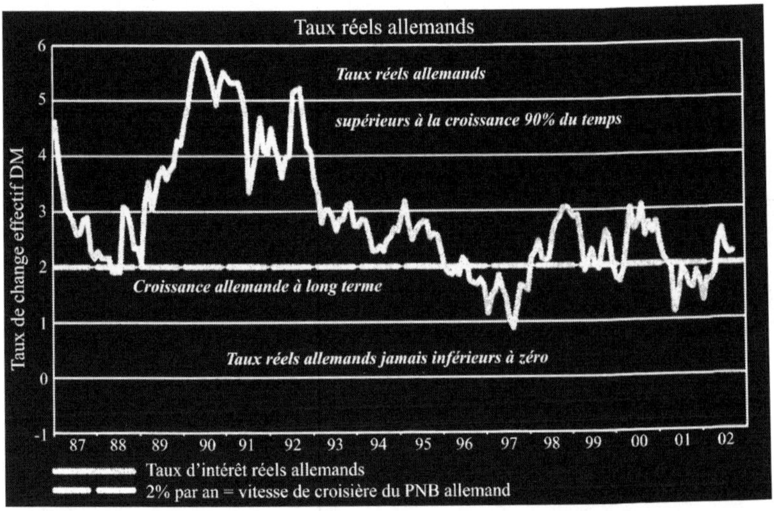

Depuis 1990, le rentier allemand gagne entre ***deux et trois fois*** ce que gagne le pauvre entrepreneur allemand.

Comparons avec son homologue américain.

Les taux d'intérêt américains n'ont été au-dessus de la croissance du PNB que deux fois et très brièvement, pendant deux périodes de surchauffe intense : 1989-1990 et 1998, et ils sont tombés à zéro à chaque récession.

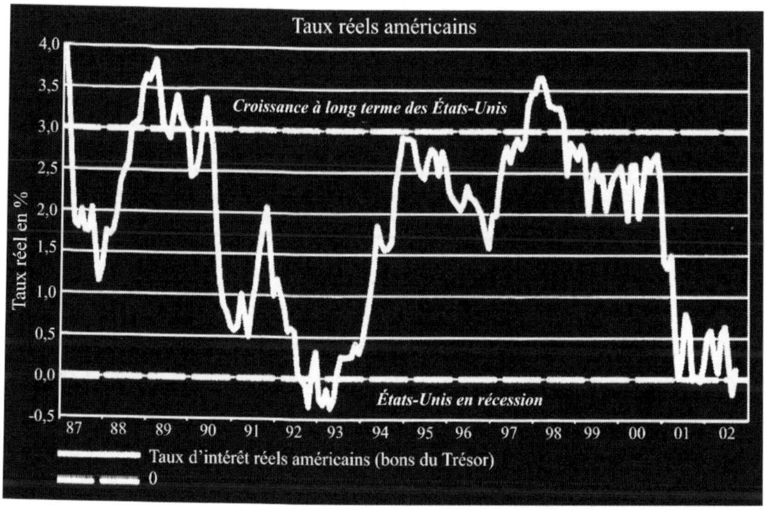

De 1990 à 1994, le rentier en Allemagne recevait - par an - entre 4 % et 5 % réels, tandis que son homologue aux Etats-Unis touchait entre 0 % et 2 %.

La *différence* entre les taux réels entre l'Allemagne et les Etats-Unis est montée jusqu'à 5 %.

L'Allemagne, où les perspectives de croissance à long terme étaient inférieures à celles des Etats-Unis, payait 5 % *de plus* par an que ceux-ci pour emprunter, ce qui est proprement aberrant.

Tous les rentiers du monde se sont alors précipités en Allemagne pour toucher cette rente inespérée, et le DM a grimpé comme une fusée (voir graphique).

Donc, non seulement l'entrepreneur allemand était crucifié par l'absence de croissance et des taux réels élevés, mais il était bouffé tout cru par ses concurrents étrangers.

D'où hausse du chômage, hausse des déficits publics, stagnation économique...

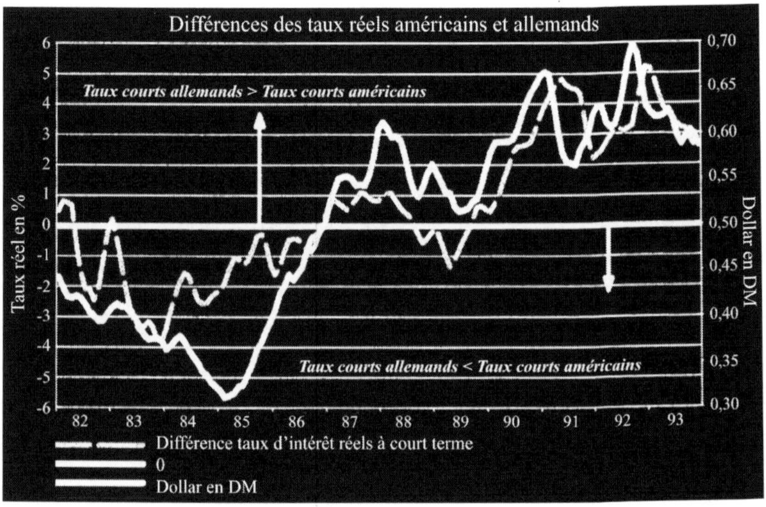

Ce qu'a fait la Bundesbank est tout simple. Elle a déclaré à tous les rentiers du monde : venez, achetez des bons du Trésor allemands et je vous offre entre deux et trois fois la rentabilité (sans prendre de risque) que les entrepreneurs allemands atteignent (en prenant des risques).

Ce faisant, elle condamnait tous ces entrepreneurs à une mort par asphyxie, sous le double effet de taux d'intérêt et de taux de change exorbitants.

Inutile de souligner que, comme au Japon et pour les mêmes raisons, cela a conduit à une constante détérioration du bilan de l'Allemagne, dont les dettes en pourcentage du PNB se sont envolées.

Le prix que nous payons tous pour cette politique démesurément stupide, c'est une détérioration perpétuelle du bilan de nos pays, par une accumulation sans fin des dettes.

À terme, comme en Argentine, cela ne peut pas ne pas mener à la faillite déflationniste des Etats européens, et donc à la ruine de nos enfants.

À ce point du raisonnement, notre lecteur va nous rétorquer :

Honnêtement, si les Allemands veulent se tirer une balle dans le pied, c'est leur problème.
Plus ils se sabordent, mieux nous nous portons.

Voilà une fausse bonne idée : si votre principal client se ruine, vous vous portez rarement bien.

Qui plus est, c'est ne pas prendre en compte la réaction des autorités monétaires françaises.

Loin d'essayer de compenser ce que la politique allemande avait d'excessif, la Banque de France a accentué le freinage monétaire mis en place outre-Rhin.

En fait, la politique monétaire de notre pays a atteint également des sommets d'irresponsabilité (et nous sommes polis), mais pour des motifs spécifiquement français.

Chapitre XII

Quand les légistes ont un projet, ou des fonctionnaires que le monde entier nous envie

"Sire, faites-moi une bonne politique, je vous ferai une bonne monnaie."

Le baron Louis à Napoléon qui se plaignait
de la faiblesse du france

Un peu (très peu) d'histoire

La France est un bien curieux pays.

C'est en France qu'est né le concept d'État-nation.

« Une nation, c'est une volonté de vivre ensemble. »

(Renan)

« L'Etat se définit par le monopole de la contrainte dans une zone géographique. »

(Cours de droit constitutionnel, première année)

Un État-nation se définirait donc comme une « contrainte volontaire ».

Voilà qui nous rappelle l'eau sèche : vous rajoutez de l'eau et ça devient humide.

Ce concept quelque peu contradictoire fut créé sous Philippe le Bel par les légistes[16] du roi de France pour

---

[16] Ce qui veut dire des spécialistes du droit travaillant pour justifier le pouvoir politique. Le concept fait frémir d'emblée. C'est un peu comme les spécialistes du droit des gens de Staline.

justifier juridiquement les crimes du pouvoir royal contre la papauté, les Templiers, les Juifs...

A cette époque émergea donc en France une classe (au sens marxiste du terme) qui avait pour ambition de faire croître *son* pouvoir en développant le pouvoir royal au détriment des contre-pouvoirs existant en ces temps reculés : féodalité, Eglise, pouvoirs régionaux, parlements, municipalités, etc.

Elle inventa alors la notion de *raison d'Etat*, notion dont l'utilité ne s'est jamais démentie depuis.

Autrefois, les princes commettaient des crimes et des saloperies, mais c'était le fait du prince et personne n'essayait d'expliquer que ce crime était une bonne chose, même pas lui. Parfois même il avait des remords.

Un crime restait un crime.

Avec cette classe apparaît une notion nouvelle, celle du crime non pas excusable, non pas pardonnable, mais *légitime, mais nécessaire.*

Cette notion fut une incroyable avancée juridique, qui permit à de nombreux bienfaiteurs de l'humanité tels Lénine ou Mao d'exercer leur pouvoir avec toute la modération que l'on connaît.

Il allait sans dire que le pouvoir ainsi conquis serait contrôlé par elle. D'une façon générale, elle n'est pas très regardante sur celui qui exerce le pouvoir officiel dans notre pays et elle servira avec le même professionnalisme de Gaulle ou Pétain, à condition qu'il soit admis qu'elle est au-dessus des lois. (Combien de coupables jugés pour le scandale du Crédit Lyonnais ou les délits d'initiés de la Société Générale ? Aux Etats-Unis, les escrocs d'Enron sont déjà en prison !) Depuis huit siècles, le pouvoir exercé par cette nomenklatura court comme un fil d'Ariane au travers de toute l'histoire de France.

Cette classe a créé son propre droit, le droit administratif, outil majeur de centralisation et de contrôle.

Des siècles avant Mussolini, son cri de guerre, jamais exprimé officiellement mais toujours sous-jacent, sera :
« Rien sans l'État, rien en dehors de l'Etat, tout par l'Etat. »

Elle a été à l'origine de la Révolution, de la levée en masse (invention de la guerre totale), de la Terreur, des nationalismes français et européen, du colonialisme français, du droit administratif, du pouvoir centralisé...

Cela supposait, bien entendu, un recrutement ouvert et que les meilleurs de la nation soient cooptés, ce qui fut fait par le biais des grands concours à partir de Napoléon.

Depuis bientôt huit siècles, cette « méritocratie » vaguement héréditaire administre et gouverne.

Elle s'inscrit dans la *durée*, et peut tout à fait attendre jusqu'à ce qu'un politique qui les gêne perde le pouvoir.
Elle a inventé d'ailleurs un concept merveilleux qui permet de promouvoir la croissance de son propre pouvoir, tout en soutenant qu'elle agit pour le bien de la communauté.

Bien entendu, cette vertu n'existe que chez nous et a pour nom « *le service de l'Etat* ».

Ses grands hommes sont Philippe le Bel (le roi faux-monnayeur), Louis XI, Richelieu, Louis XIV, Colbert, Carnot, Napoléon, de Gaulle, qui tous ont établi ou rétabli la prééminence de l'Etat français sur la société civile et politique.

Ses porte-parole récents ? Jacques Delors naguère, aujourd'hui Jean-Claude Trichet, gouverneur de la Banque de France, Pascal Lamy, commissaire européen, Hubert Védrine, Valéry Giscard d'Estaing...
(Fin de la leçon d'histoire, retour à la période actuelle.)

L'ennuyeux - pour elle -, c'est que cette nomenklatura contrôle maintenant à peu près tout en France et que les espaces de croissance deviennent très limités pour ses troupes, avides d'être utiles.

Or un pouvoir qui ne peut plus croître est un pouvoir condamné (cf. encore une fois Bertrand de Jouvenel).

La décision a donc été prise de créer un *État européen*, dont les membres de cette nomenklatura seront, bien entendu, les *administrateurs*.

Un État européen suppose un espace monétaire commun, du moins dans leur conception centralisatrice du pouvoir politique. Il fallait donc créer une monnaie européenne.

Le projet a commencé sous le président Giscard (parfait exemple de cette méritocratie) à la fin des années 70, et a été définitivement (?)[17] bouclé au début de 2002.

Revenons un peu en arrière :

le fait que la politique de la Bundesbank ait condamné des milliers d'entrepreneurs à la faillite et des millions de personnes au chômage n'a aucun intérêt par rapport au but à long terme.

Vérification (comme d'habitude).

---

[17] Nous mettons un point d'interrogation parce que nous ne sommes pas sûrs du tout que l'euro dans sa forme actuelle puisse survivre. À ce sujet, voir le dernier chapitre.

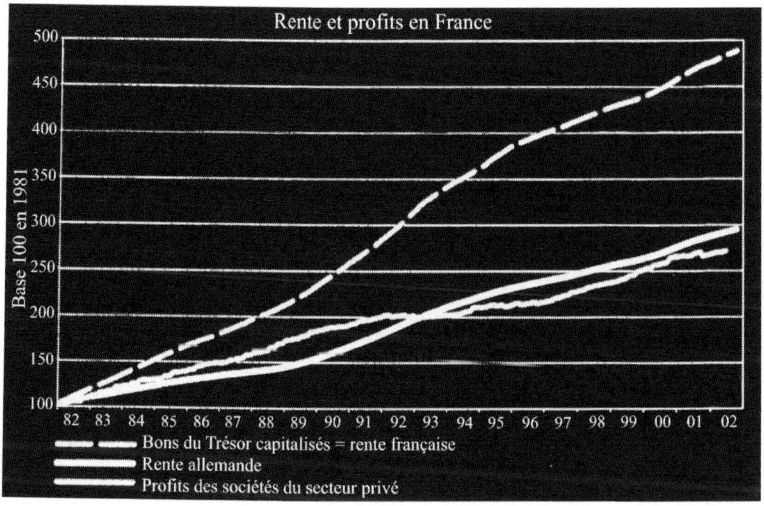

Depuis 1981, et le passage de l'ombre à la lumière, le rentier français prospère de façon inimaginable.

Si le but en 1981 était de ruiner les entrepreneurs, voilà un objectif qui a été atteint.

Pour maintenir la parité entre le franc français et le deutsche Mark, la Banque de France a dû payer sans arrêt des taux d'intérêt bien supérieurs à ceux payés sur le DM. Tant et si bien que le rentier français qui aurait déposé 100 en 1981 aurait 450 aujourd'hui contre 300 pour son homologue allemand.

Devinette : qui a souffert de ces taux ?

Réponse, les entrepreneurs et les chômeurs.

Pour le prouver, il va nous falloir une fois encore tester les capacités intellectuelles de notre lecteur.

Procédons en deux étapes :

- divisons la rente par le profit ;
- puis calculons la variation sur douze mois de ce ratio financier d'une incroyable sophistication.

Voyons le résultat, en mettant en parallèle ce ratio et le rapport entre les obligations et les actions déjà utilisé au chapitre neuf.

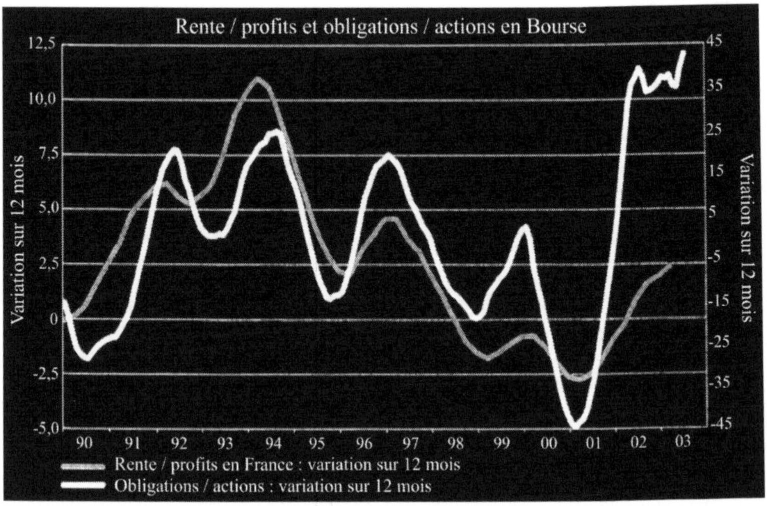

Stupéfiant !

Au fond, ce que la Bourse mesure, c'est la *rentabilité marginale* du capital par rapport au coût *marginal* du capital. Ce qui peut s'énoncer comme suit : *si la Bourse baisse, c'est parce que la rentabilité marginale du capital baisse et/ou que le coût marginal du capital monte.*

Ce qui conduit inéluctablement à une hausse du chômage.

La rentabilité du capital en France étant trop faible par rapport au coût du capital, le chômage augmente.

Ce qui est surprenant, c'est que certaines personnes prétendent être surprises.

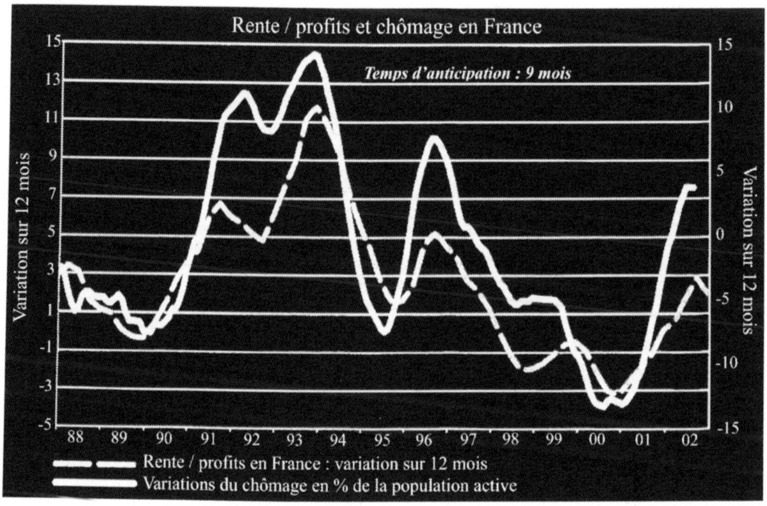

Quand les politiques nous déclarent que le seul but qu'ils poursuivent c'est de *créer des emplois*, soit ils mentent, soit ils ne comprennent pas.

Le but ultime de la politique économique suivie en France depuis vingt ans est évident. Il s'agit tout simplement de *créer un Etat européen.*

L'emploi, les entrepreneurs, la politique monétaire suivie par la Bundesbank, honnêtement, ils s'en foutent complètement.

Si la Bundesbank leur avait demandé de souffler dans une trompette en sautant à cloche-pied, ils l'auraient fait sans problème.

Comme les chevaliers français à Azincourt, ils sont prêts à passer sur le ventre de la piétaille, tant ils ont hâte d'en découdre.

Ils ont même réussi à créer un système politique parfait, empêchant tout changement réel, celui du « parti unique contradictoire » : aux élections, le choix est toujours entre un technocrate (de gauche) ou un technocrate (de droite).

Les deux ont été dans les mêmes écoles, au même moment.

Il est donc impossible de voter pour quelqu'un d'autre... qu'un technocrate. Les insultes homériques échangées quand les caméras de télévision sont allumées font place à la plus franche camaraderie dès qu'elles sont éteintes.

Et ils reconnaissent tous comme chefs ceux qui sont sortis premiers de leurs écoles, même et surtout si ces derniers n'ont pas été élus.

Leur raisonnement pour justifier leur prééminence est une série de ce que l'on appelle en bonne logique des *non sequitur* (ce qui veut dire en latin : « ne suit pas automatiquement »).

- *Proposition numéro 1 : Si vous avez eu de bons résultats à l'école, vous êtes automatiquement le plus intelligent.* (Ah bon ? Voilà qui n'est pas prouvé. Voir mille exemples dans la vie privée ou publique.)
- *Proposition numéro 2 : Si vous êtes le plus intelligent, vous êtes le plus capable de prendre des décisions.* Voilà une contre-vérité considérable. L'intelligence n'a rien à voir avec la capacité à prendre des décisions. En 1939, Gamelin, commandant en chef des forces alliées, était le plus intelligent de l'armée française...

Voilà une série de secrets bien gardés, et celui qui dévoilera le pot aux roses peut craindre le pire pour son avenir - dans son journal, pour sa carrière politique ou administrative ou dans le monde des affaires, françaises.

La police des pensées veille (la pensée unique est une invention typiquement française) et comme notre classe d'administrateurs a pris grand soin de contrôler de son mieux les médias en France (grâce à Dieu, elle n'y arrive pas complètement), on voit mal comment un tel message peut parvenir au citoyen ordinaire, abruti par une propagande incessante.

Ce que nous affirmons est donc tout simple : aujourd'hui la France n'est plus en démocratie, mais un pays en coupe réglée sous le joug d'une écrasante technocratie.

Voter pour des hommes politiques qui ne contrôlent rien et se sont laissé dépouiller de tous leurs pouvoirs est complètement illusoire.

Les Français ne s'y trompent pas, qui ne vont plus voter. D'où ce petit opuscule.

Nous arrivons donc vers la fin de notre devoir de vacances.

Il nous reste à achever notre démonstration et à expliquer pourquoi et comment cette remarquable somme d'efforts déployés par la Bundesbank et les administrateurs français va conduire à leur déroute, et hélas, à la nôtre.

Chapitre XIII

Le suicide japonais (suite), ou comment un tuteur ruine ceux qui sont sous son contrôle

"Tu n'as pas changé... tu es toujours le même."

Dalida

Au chapitre 8, nous avons introduit un personnage essentiel, le rentier.

Subrepticement, nous avons introduit un deuxième personnage, en vedette américaine, moins visible, mais tout aussi essentiel, Shylock, M. de Nucingen[18], l'entremetteur, l'intermédiaire, le banquier, l'usurier.

Comme les personnages mentionnés plus haut n'étaient pas vraiment populaires (le lecteur devrait essayer de trouver dans l'ensemble de la littérature mondiale un banquier ou un financier présenté sous un jour favorable[19]), il a fallu trouver une nouvelle dénomination (modifier les appellations est devenu un des dadas de la modernité).

---

[18] Personnage mythique de banquier d'affaires, créé par Balzac, dont on dit qu'il aurait été modelé sur les Rothschild. Aujourd'hui Goldman Sachs ou Morgan Stanley

[19] Ce qui est d'ailleurs très curieux : la religion des temps modernes, c'est l'art. Or tous ces personnages, dans l'Histoire (Médicis, Rothschild, etc.), on été de grands mécènes. Sommes-nous en présence de "bouche qui mord la main qui la nourrit" et d'artistes détestant ceux qui les font vivre ?

Le banquier d'autrefois fait donc maintenant de « l'intermédiation financière ». Mais l'essence de son activité n'a pas changé.

Son rôle est tout simple : il collecte l'épargne des rentiers et la répartit chez les entrepreneurs qui en font la demande et qui peuvent le convaincre de la qualité de leur projet (et ça, c'est difficile).

Ce faisant, il prend un risque *énorme*.

En effet, il *garantit* aux rentiers qu'il leur paiera « intérêts et principal », alors qu'il n'est pas du tout certain que les entrepreneurs à qui il a confié cet argent le rembourseront.

Il se met en risque sans arrêt :
c'est donc un entrepreneur,
mais d'une nature un peu spéciale

Comment va-t-il gérer son risque ?

- D'abord, en se fondant sur son *expérience* historique, il introduira une *marge* entre le coût de l'argent qu'il emprunte et le coût de l'argent qu'il prête. Cette marge doit couvrir et les *risques de faillite de ses emprunteurs et les coûts de fonctionnement de son opération, en y incluant son profit.*

Prenons un exemple simple.

Si 3 % des entrepreneurs qui lui ont emprunté de l'argent font faillite chaque année, le banquier devra prêter à 3 % au-dessus du taux auquel il emprunte.

Inutile de dire que le pauvre entremetteur ne prend pas en compte l'hypothèse que la banque centrale va suivre une politique qui va conduire à la faillite de tous les entrepreneurs. Il fera le postulat qu'elle va suivre une politique « normale ». Cet a priori a ruiné le système bancaire japonais et est en train de faire sauter son homologue européen...

- Ensuite, il va répartir ses risques entre de multiples types d'emprunteurs (petites entreprises, grandes entreprises, immobilier, crédit à la consommation, prêts aux Etats, etc.). Mais si tous les entrepreneurs sautent…
  Il essaiera en outre de prendre des garanties sur des biens annexes (immeubles appartenant à l'entrepreneur, etc.)
  Dans l'Antiquité, il n'était pas rarc quc dcs cntrepreneurs malchanceux et toute leur famille tombent en esclavage, car ils s'étaient donnés « en garantie » du remboursement. Ces pratiques barbares ont toujours cours dans des pays comme le Pakistan ou l'Inde, où sévissent toujours les usuriers. L'émergence d'un marché financier efficace est une condition *sine qua non* à la sortie du sous-développement.

- Enfin, l'entremetteur va utiliscr son capital pour garantir les dépôts des rentiers et leur donner confiance (crédit vient de l'italien credito ou du latin credo, Je crois)
  Tant que le rentier (animal méfiant et craintif) croit que l'entremetteur a assez de capital pour le payer, il ne demande pas de remboursement et tout va bien (s'ils commencent à avoir des doutes, tous les rentiers demanderont le remboursement en même temps, ce que le pauvre banquier sera bien incapable d'assurer et nous aurons une bonne vieille panique bancaire...).

Le capital de l'entremetteur,
c'est donc sa ligne de dernière résistance,

ce qu'il utilisera si toutes ses autres défenses sont tombées

Comme les activités « d'intermédiation » sont plus que jamais extraordinairement lourdes et consommatrices de capital, les entremetteurs ont dû se spécialiser et organiser leurs propres « mutuelles de mutuelles », sous forme de banques commerciales, de banques d'affaires, de sociétés d'assurances, ou, plus récemment, de sociétés de gestion de fonds.

La plupart de ces groupes sont de véritables monstres financiers de par leur taille, et sont cotés en Bourse.

Si leurs lignes de défense commencent à être enfoncées et si, en particulier, leur capital commence à être utilisé, *non* pour promouvoir de nouvelles activités, mais pour solder des pertes sur des activités anciennes, alors on peut être sûr que la Bourse en aura vent et que les sociétés de ce secteur verront leurs cours s'écrouler.

En raisonnant « des conséquences vers les causes » (ce qui est toujours dangereux, mais permet de gagner du temps pour les diagnostics), on peut sans aucun doute dire que si les cours boursiers des sociétés financières s'écroulent, il est très probable que leur capital est en train de disparaître.

Vérification au Japon :

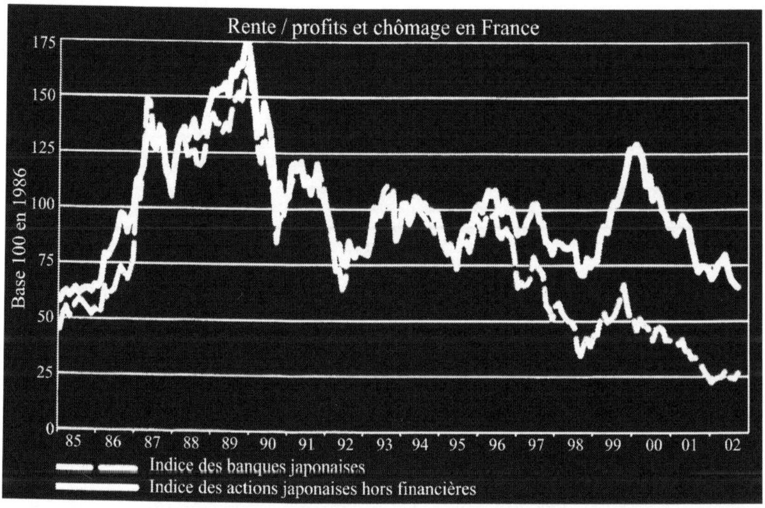

Sur le graphique apparaissent deux indices boursiers : l'indice japonais des valeurs non financières (c'est-à- dire tout le monde, sauf les valeurs financières) et l'indice des banques japonaises, tous les deux base 100 en 1996.

De 1985 à 1995, l'indice des banques a la même performance que l'indice général, ce qui est parfaitement normal.

La première récession japonaise au début des années 90 est absorbée sans trop de difficultés par l'appareil bancaire. Mais la politique monétaire reste incroyablement restrictive en 1995, 1996, 1997, 1998, 1999, 2000 (cf. le chapitre sur le Japon).

De *conjoncturelle*, la récession devient structurelle, les banques n'ont pas le temps de se « refaire du gras », le capital commence à être utilisé et à fondre. L'indice des sociétés non financières passe de 100 à 75, ce qui est désagréable, mais pas désastreux.

L'indice du secteur bancaire japonais de 100 à 25, ce qui est un krach.

Cet écroulement *relatif et absolu* commence en 1996.

Nous savons aujourd'hui que le capital de la plupart des banques japonaises a disparu. Cela fait cinq ans que les marchés financiers nous le disent.

Que s'est-il donc passé dans l'économie japonaise aux alentours de cette date qui pourrait expliquer ce phénomène ?

Nous avons déjà répondu à cette question et c'est tout simplement le retour de Godzilla, de la déflation.

Vérification :

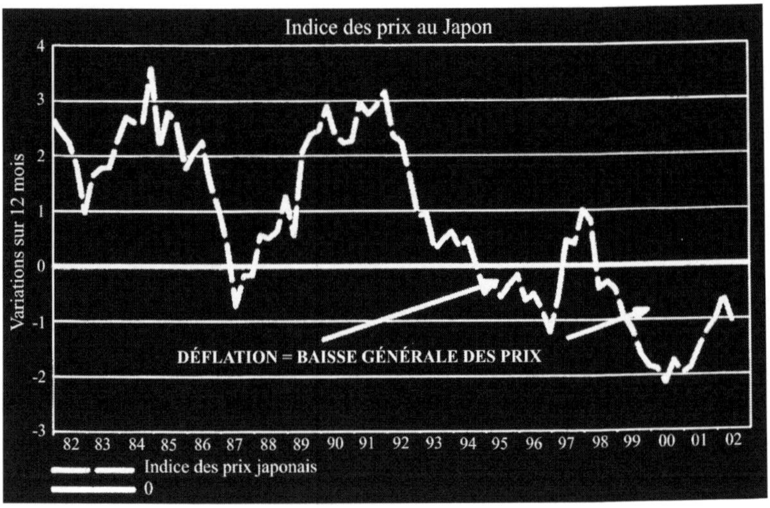

À partir de 1995, la variation des prix sur douze mois devient NEGATIVE (la moyenne des prix *baisse*), et tend à le rester depuis.

Mais pourquoi la baisse des prix devrait-elle entraîner l'écroulement du cours des banques ?

Pour une raison toute simple : quand les prix baissent, la quasi-totalité des entreprises voient leurs chiffres d'affaires (leurs ventes) baisser.

Comme la plupart des coûts (loyers, remboursement de la dette, salaires, impôts locaux, etc.) ne baissent pas...

... la variable d'ajustement ne peut être que les profits, qui s'effondrent.

Profits = ventes - coûts

pour tout le monde, sauf pour Arthur Andersen et Enron, bien entendu.

Avec les profits s'effondre la capacité à rembourser la dette aux entremetteurs.

Lesquels, en cascade, font faillite.

Mais ce n'est pas une faillite normale : l'entremetteur a en effet cette capacité rare de pouvoir *créer ou détruire de la monnaie.*

La banque de base aura en général consenti des prêts équivalant à douze fois son capital (ratio prudentiel de la Banque des règlements internationaux, la banque centrale des banques centrales).

Si un entrepreneur laisse une ardoise d'un milliard d'euros, la banque qui en souffre devra réduire ses prêts... de douze milliards d'euros.

Elle va donc être obligée de rappeler des prêts auprès de sociétés qui ne s'y attendaient pas du tout, ou à tout le moins de cesser d'accorder de nouveaux prêts.

L'argent, dont nous rappelons qu'il est la matière première essentielle pour tout entrepreneur, devient extraordinairement rare, et donc cher, ce qui déclenche de nouvelles faillites...

Et en route pour un nouveau tour de piste de baisse des prix, de faillites, de contraction monétaire ; la déflation est un phénomène qui s'auto-entretient jusqu'à ce que plus personne n'ait la moindre dette.

L'auteur a beaucoup joué au rugby dans sa jeunesse studieuse du côté de Toulouse et il peut avancer une chose :

quand on doit arrêter un monstre de cent vingt kilos, il est beaucoup plus facile de le faire dans le premier mètre de sa course que lorsqu'il a eu le temps de prendre de la vitesse.

Eh bien, c'est la même chose pour une déflation.

L'un des rôles d'une banque centrale est d'assurer la tutelle de ses banques commerciales et de stopper la déflation avant qu'elle ne prenne de la vitesse.

La Banque du Japon a failli misérablement à cette tâche.

Il nous semble évident que la même chose est en train de se produire en zone euro.

Chapitre XIV

L'inéluctable écroulement de la zone euro

"La situation est sans espoir, mais pas vraiment sérieuse."

Churchill

Nous allons procéder par une série de questions pour analyser la situation européenne.

Première question : le rentier gagne-t-il plus que l'entrepreneur ?

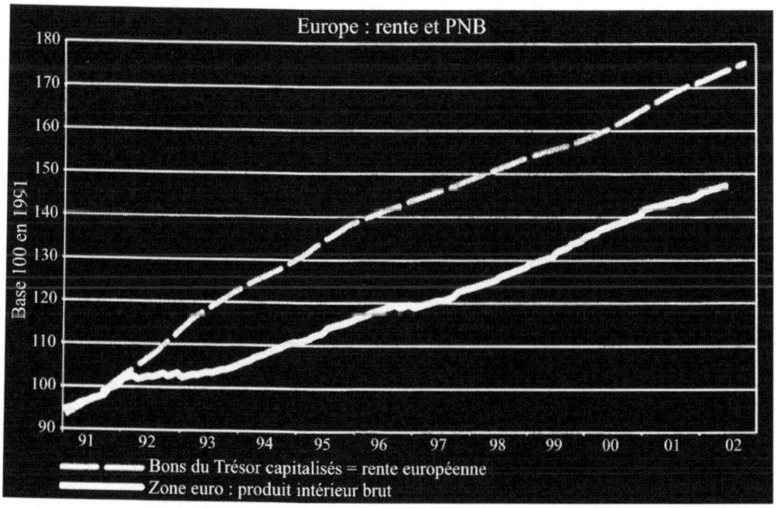

Réponse : indubitablement.

Depuis 1992, la croissance de la rente a sans arrêt été supérieure à la croissance du PIB européen.

Si notre analyse est la bonne, nous devons maintenant approcher une période où nous sommes au bord de la déflation.

Deuxième question : qu'en est-il des prix ? Sommes-nous en train de nous diriger vers une baisse générale des prix ?

Vérification :

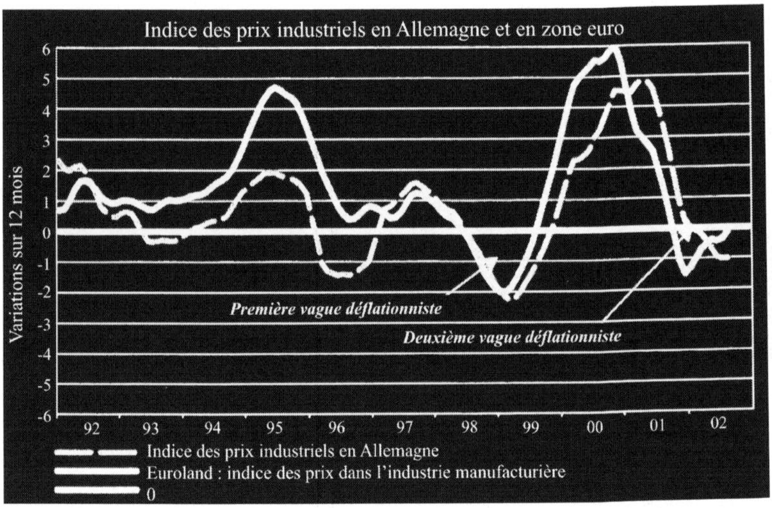

L'indice des prix de détail n'est pas en baisse, c'est exact.

Mais il s'agit d'un curieux animal : si les prix du pétrole augmentent, l'indice des prix grimpera, alors que pour la plupart des producteurs il s'agit non pas d'un accroissement de leurs ventes, mais d'une hausse de leurs coûts. Si l'État augmente le prix des cigarettes, du métro, du train, de l'essence, l'indice des prix montera alors que la population dans son ensemble se sera appauvrie.

Il faut donc utiliser un indice des prix « hors Etat » et c'est l'indice des prix à la production qui en est le plus proche. Et lui, il est solidement en baisse.

Les prix à la production (mais aussi les prix à l'exportation et les prix de gros) sont en baisse, et en baisse indiscutable, aussi bien en Allemagne que dans le reste de l'Europe.

Ce qui nous amène à...

la troisième question : la valorisation boursière des intermédiaires est-ellc cn train de se casser la figure ?

(Signe que leur capital serait en train de fondre.) Vérification :

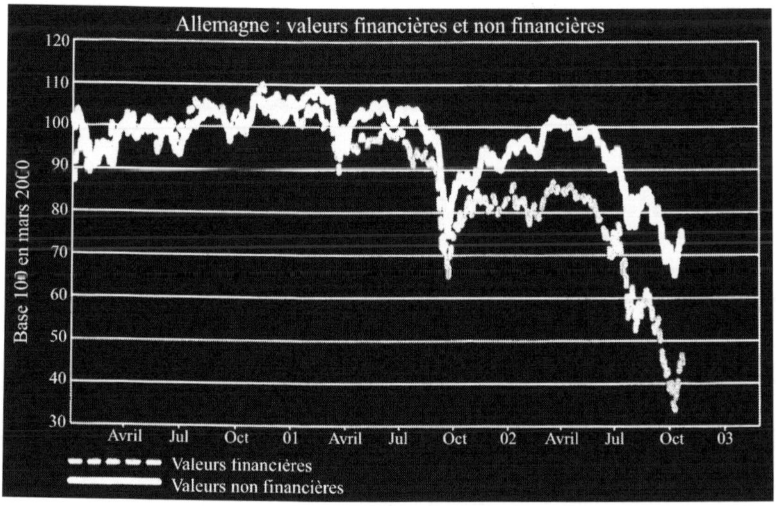

Depuis mars 2001, l'indice boursier des intermédiaires financiers allemands a baissé deux fois plus que l'indice des valeurs non financières.

Il s'agit d'un krach.

Voilà qui semble inquiétant.

Qui plus est, l'euro s'est mis à monter parce que les sociétés financières européennes en train de faire faillite vendent à tour de bras leurs actifs un peu partout dans le monde pour les rapatrier en Europe.

Inévitable hausse de l'euro, dont les incompétents qui nous gouvernent se félicitèrent bruyamment.

Pauvres entrepreneurs européens,

Lions menés par des ânes

Si le lecteur veut bien faire la comparaison avec le Japon, il pourra constater par lui-même que les mêmes causes semblent produire les mêmes effets et que la zone euro semble bien en train d'entrer dans un cycle déflationniste « à la japonaise ».

La seule différence, c'est que lorsque le Japon s'est mis à faire ses bêtises, le reste du monde allait bien, les Etats-Unis en particulier.

Or il y a des limites à la capacité des Etats-Unis de sortir tout le monde du trou, surtout si ceux qui sont au fond continuent à creuser allègrement, comme le font les autorités européennes depuis dix ans.

Qui plus est, nous semblons entrer dans des temps plus difficiles.

Il faut savoir qu'historiquement cinq grandes erreurs de politique économique ont accru de façon considérable les difficultés inhérentes à toute période déflationniste.

Dans les années 30, la quasi-totalité des nations ont commis ces cinq fautes, transformant une mauvaise récession en une grande dépression avec les meilleures intentions du monde.

Dans les années 90, les autorités japonaises ont eu tout faux, sauf partir en guerre, ce que leur Constitution leur interdit.

Ces cinq fautes capitales sont :

1. Une guerre.

2. Une augmentation des droits de douane (protectionnisme)

3. Une augmentation du poids de l'État dans l'économie (hausse des impôts).

4. Un accroissement considérable des réglementations entravant la libre marche des affaires.

5. Unc crreur de politique monétaire (maintenir lcs taux courts au-dessus du taux de croissance de l'économie).

Le lecteur averti aura bien entendu remarqué que ces cinq erreurs font baisser la rentabilité des entrepreneurs et donc diminuent leur capacité à rembourser leurs prêts - ce qui déclenche la faillite de nos entremetteurs.

Où en sommes-nous aujourd'hui ?

1. Nous sommes (probablement) en guerre contre le monde arabo-musulman.

2. Le protectionnisme a fait sa réapparition aux Etats-Unis pour la première fois depuis les années 30.

3. Le poids de l'État ne cesse de monter dans les pays rhénans, et avec lui le chômage.

4. Bruxelles et les gouvernements nationaux rivalisent de créativité dans la création de nouvelles réglementations.

5. La Banque centrale européenne suit la politique monétaire la plus suicidaire depuis le Japon dans les années 90 ou les États-Unis dans les années 30...

Si le lecteur veut notre avis, ça sent le sapin.

Conclusion

L'inéluctable écroulement de la zone euro

"Les anglais sont suffisamment intelligents pour comprendre les faits, mais ils ont beaucoup de mal avec les idées."

Churchill

« En plus de cela, mon fils, sois averti que faire des livres est un travail sans fin et que beaucoup d'études fatigue le corps[20]. »

L'écriture est une chose curieuse.

L'auteur, au début de cet ouvrage, avait dans l'idée de commettre un pamphlet léger sur l'ignorance crasse qui règne dès qu'on parle d'économie ou de création de richesse dans ce que Raymond Barre appelait la classe jacassière.

En avançant dans sa rédaction, il a été entraîné pedt à petit en des endroits où il est très surpris de se retrouver.

Tant et si bien qu'à la fin de son devoir de vacances, commencé dans l'amusement et l'allégresse d'un bel été, il se retrouve, en hiver, mortellement inquiet.

Il est très inquiet de la détérioration de la situation en Europe et de l'absence totale de compréhension des vrais problèmes que manifestent les politiques suivies.

Et ici, une dernière fois, nous devons revenir en arrière et faire un peu de philosophie historique.

Comprendre une nation c'est souvent comprendre ses mythes fondateurs.

---

[20] L'auteur, à la fin de cet ouvrage, pense que, comme toujours, l'Ecclésiaste a tout vu et tout compris. Il se sent très fatigué.

Comme la France et la Grande-Bretagne sont deux vieux pays chrétiens, se pencher sur leurs saints emblématiques explique mieux que n'importe quel long discours les années-lumière qui séparent les deux philosophies politiques.

Les deux grands saints anglais sont Thomas More et Thomas Becket, tous les deux martyrisés par le pouvoir royal (étatique), parce qu'ils soutenaient que le roi ne pouvait leur dicter une règle de conduite déshonorante.

La liberté individuelle, la liberté de chaque individu de déterminer lui-même son sort est donc la poutre maîtresse de toute la société britannique. Le principe est de respecter la Rule of Law et le respect de la parole donnée. A ce titre, dans un contrat passé librement entre deux parties autonomes, un tiers - fût-il la puissance publique - n'a pas à intervenir.

Le droit évoluera en fonction des nouveaux contrats, et les cours de justice seront chargées d'arbitrer les différends entre les parties. Peu de gens le savent mais la Constitution anglaise est *non écrite*.

Les décisions de ces tribunaux s'appliqueront ensuite à des cas similaires (ou pas, si le prochain juge en décide autrement, car le juge est maître en son tribunal).

Dans ces pays, la *Common Law* domine et non pas la loi.

Un exemple :

Il y a quelques années, l'un des plus grands hôpitaux de Londres se trouvait sur Hyde Park Corner, un peu l'équivalent de la place de la Concorde.

Compte tenu des difficultés d'accès, l'assistance sociale britannique fut obligée d'abandonner cet hôpital.

Un seul ennui : le terrain avait été *donné* deux siècles plus tôt par le duc de Westminster, avec une condition : si l'hôpital disparaissait, le terrain reviendrait au duc pour deux mille livres.

Cette propriété, qui couvrait plusieurs hectares dans le centre de Londres, valait plusieurs centaines de millions de livres sterling. Le descendant du duc en reprit possession pour les deux mille livres prévues dans le contrat.

Racontant cette anecdote à l'un de ses amis qui se trouvait être ministre (prétendu libéral) dans un gouvernement, l'auteur eut la surprise de s'entendre dire :

« Voilà qui est scandaleux, en France, nous aurions fait une loi pour empêcher cette spoliation du bien public. »

Ce qui nous amène aux grands saints français.

Dans l'inconscient de notre nation, deux saints émergent : Saint Louis, le roi en majesté rendant la justice sous son chêne, et Jeanne d'Arc.

L'un représente l'État en équilibre harmonieux, le parfait représentant de l'intérêt général.

L'autre est l'héroïne qui rétablit l'État français dans sa prééminence après l'une de ses plus longues et dangereuses éclipses.

Les élites françaises idolâtrent l'État, les anglaises, la liberté individuelle.

La nation anglaise s'est créée *contre* son État, la nation française a été *engendrée* par l'État.

Cette idolâtrie de l'État est née en France et a été la matrice de tous les totalitarismes.

Pourquoi ces considérations historiques et religieuses ?

Parce que nous arrivons en Europe à un moment décisif.

Deux conceptions de la construction européenne s'opposent une fois de plus, non pas dans leur pratique mais dans leur *essence même*.

La conception britannique cherche à faire de l'Europe une zone de libre-échange où les libertés locales et individuelles pourraient croître de façon considérable, et ou le droit régnerait en maître.

La conception française cherche, comme nous l'avons déjà indiqué, à créer un Etat européen, et à s'en servir pour projeter un *pouvoir collectif*. Cet ordre reposerait sur la supériorité de la loi sur le droit, l'Etat se réservant la possibilité de changer à tout moment des contrats passés librement entre des parties consentantes.

Tant que la guerre froide sévissait, les partisans de la thèse française étaient bien obligés de « mettre de l'eau dans leur vin », puisque la protection militaire de l'Europe était assurée par les Etats-Unis, le descendant philosophique, spirituel et affectif de la Grande-Bretagne (ce qui se constate tous les jours).

La guerre froide étant terminée, les administrateurs ont très vite compris que le temps leur était compté, et ont donc mis le pied sur l'accélérateur.

Rappel :

A l'automne 1989 : le communisme s'écroule.

La plus grande expérience technocratique de l'Histoire a échoué misérablement, c'était inévitable.

La démocratie et son mode d'organisation de la production, le marché libre, ont gagné.

Il apparaît évident à certains observateurs que nous entrons dans une nouvelle période de l'Histoire, marquée par une constante progression vers plus de démocratie et plus de liberté (Francis Fukuyama, et la fin de l'histoire hégélienne).

Douze ans plus tard, il est temps d'analyser la façon dont les élites européennes ont su gérer l'entrée dans cette nouvelle ère.

La réponse est simple : ils ont enclenché la marche arrière.

Les dirigeants européens n'ont pas compris, ou plus exactement ils n'ont pas voulu comprendre, que ce qui était vicié, c'était *l'essence même* de la technocratie, et non pas un exercice déficient du pouvoir par les technocrates soviétiques. Les technocrates soviétiques n'étaient pas incompétents : *ils ne pouvaient pas réussir.*

On aurait pu penser que cette faillite allait amener les partisans de l'intervention étatique à un retour sur eux-mêmes.

Quelle erreur !

Leur réponse à l'écroulement de la technocratie communiste a été de transférer toujours plus de pouvoir à la... technocratie européenne.

Dans les douze dernières années, nous avons donc eu le plus grand abandon de souveraineté depuis le début de l'histoire européenne au profit d'un personnel non légitime, par un personnel politique qui, lui, est élu et donc légitime. Ce qui est proprement stupéfiant.

Nous subissons en fait un coup d'Etat permanent, perpétré avec la complicité de ceux qui perdent le pouvoir.

Qu'on en juge :

- Comme nous avons essayé de le montrer dans ce petit essai, le pouvoir monétaire est un pouvoir absolument essentiel.

Il a été transféré à une administration non élue et qui n'a à rendre de comptes à personne.

La Banque centrale européenne ne publie pas les minutes de ses délibérations, ni la façon dont ses membres ont voté, contrairement à la Federal Reserve (aux Etats-Unis) ou à la

Banque d'Angleterre. Ces deux banques centrales passent en effet entre deux et quatre fois devant le Congrès des Etats-Unis ou la Chambre des communes pour expliquer et justifier les politiques qu'elles ont suivies et qu'elles entendent suivre dans le futur. Leurs dirigeants peuvent être déposés par les autorités politiques à qui le peuple a délégué sa souveraineté. *Il n'y a pas le moindre doute sur le rapport de dépendance de la banque centrale vis-à-vis du politique.*

- Cette même technocratie a exigé que soit signé un avenant au traité de Maastricht sous le nom de « pacte de stabilisation et de croissance » qui interdit aux pouvoirs élus et légitimes de prendre des risques dans le domaine budgétaire, en diminuant les impôts par exemple (nous parlons de l'ensemble des prélèvements obligatoires et pas d'un effet d'annonce à propos de l'impôt sur le revenu).

Ce pacte, qui aurait dû s'appeler le « pacte de déflation et de stagnation », est directement inspiré par les politiques que le FMI a toujours recommandées à l'Argentine, à la Turquie, à la Corée, au Mexique, etc., avec les succès que l'on connaît.

L'extraordinaire c'est que le FMI[21] impose d'habitude ces stupides comportements après une période où les gouvernements locaux ont fait à peu près n'importe quoi.

Ici, en Europe, ces mêmes politiques tueuses de croissance doivent être suivies *à titre préventif.*

Pourquoi ? De quel droit des fonctionnaires s'arrogent-ils le droit de limiter les actions à venir d'hommes politiques

---

[21] Il faut ici souligner que le FMI a toujours été une chasse gardée des inspecteurs des Finances français, et que le prix Nobel d'économie Stilglitz, ancien chef économiste de la Banque mondiale, n'a pas de mots assez durs pour le juger.

légitimement élus ? Au nom des grands succès que la technocratie a remportés au travers des âges ?

Les politiques n'ont de ce fait plus aucune marge de manœuvre budgétaire. Par exemple, ce pacte aurait interdit au président Reagan ou à Mme Thatcher de diminuer massivement les impôts de leurs concitoyens au début des années 80.

Inutile de souligner que c'est cette baisse des impôts qui est à l'origine de la croissance et du retour au surplus budgétaire de ces deux pays.

- La Commission européenne est composée de gens non élus et qui ne sont responsables devant personne. Il faut cependant savoir qu'une directive européenne a primauté sur la loi constitutionnelle française (et bien entendu sur les lois votées par le Parlement français, expression de la souveraineté populaire), ce qui est proprement aberrant.

Le champ d'application où la Commission européenne peut émettre des directives n'est absolument pas déterminé par des textes acceptés par tous, au travers de référendums populaires ou d'élections. (Par exemple, une directive a été émise sur la profondeur des piscines en Europe pour qu'elles puissent être munies d'un plongeoir. Quel est le crétin qui a rédigé ça et qui est rentré chez lui le soir, fier du travail accompli ? On se le demande. Sans compter les directives sur les fromages, pasteurisés ou pas, ou sur la taille des carottes ou des petits pois.)

Les contrôles des dépenses, les audits des résultats financiers sont inefficaces. L'argent des impôts disparaît dans un grand trou noir. Les subventions et leurs critères d'obtention sont au mieux très flous. Toutes les possibilités de contrôle des dépenses tentées à l'intérieur de la commission sont éradiquées. Nul ne devrait être surpris dans la mesure où toute l'Histoire montre qu'avoir accès à l'argent public sans contrôle est une source certaine de corruption. Voilà une loi qui se vérifie à nouveau. Celle-là est tellement ancienne que nous n'osons pas la revendiquer.

- La cour de justice européenne, qui est chargée de dire le droit, s'est mise en tête de le créer, ce qui est le péché mignon des juges non soumis à un contrôle démocratique et sans garde-fous constitutionnels solides.

Elle peut imposer sans aucun contrôle ni politique, ni administratif, ni judiciaire des arrêts qui changeront les fondements mêmes de notre civilisation et, de ce fait, renverser des décisions qui auraient été prises par des autorités *légitimes*, politiques, morales ou religieuses.

Demain, elle pourrait permettre par exemple l'euthanasie (un cas est en délibération). Si la décision d'autoriser cette pratique est prise, rien ni personne ne pourra empêcher son application partout en Europe quand bien même cette question extraordinairement grave et troublante relève uniquement de la conscience individuelle.

La cour de justice s'est également arrogé le droit d'intervenir dans le domaine économique : dans l'affaire Tesco contre les jeans Levy's, par exemple, elle vient de donner raison au fabricant de pantalons. Le magasin britannique (Tesco) avait acheté parfaitement légitimement des jeans Levy's au revendeur mexicain de cet article de mode indispensable... et les revendait à 40 % du prix européen.

Bien joué et tout bénéfice pour le consommateur européen ?

Pas selon la cour de justice qui a interdit à Tesco de vendre des articles achetés légalement à un prix choisi par le revendeur.

Le producteur peut donc *déterminer* le prix minimal auquel son produit peut être vendu dans *chaque* marché.

Cet arrêt est une catastrophe pour la liberté du commerce en Europe.

Il permet au producteur de fixer le prix de vente final de ses produits, ce qui revient à interdire la concurrence par les prix entre différents revendeurs. Cette décision de justice garantit que les consommateurs européens ne pourront bénéficier des baisses de prix.

On est de retour « au juste prix » de l'Église catholique, qui se trouve être le prix moyen, et non le prix marginal.

Il va sans dire que c'est celui qui arrange le plus le producteur et le moins le consommateur, la croissance, l'emploi, et bien entendu le pouvoir d'achat.

En fait, depuis la chute du mur de Berlin, nous assistons non pas à un ralentissement mais à une accélération du coup d'État permanent.

Nos technocrates sentent que le temps travaille contre eux (ils sont tout, sauf bêtes).

Ils se sont rendu compte que la chute du mur créait un environnement très dangereux : la fin du danger militaire allait inévitablement entraîner une diminution de leur influence.

Ils mènent donc une stratégie à double détente :

1. Ils essaient d'enfermer à toute allure les peuples européens dans des structures *sans portes de sorties*, avant que ceux-ci ne se rendent compte que ces prisons ne servent que ceux qui les ont créées et qui les gèrent.

Le danger communiste ayant disparu, chaque nation pourrait prospérer tranquillement dans son coin, avec ses propres institutions et sans superstructure commune. Les exemples de cette liberté retrouvée des politiques nationales abondent.

Citons-en un :

Il existe un libre-échange quasiment total entre le Mexique, le Canada et les Etats-Unis, garanti par un traité (NAFTA) et personne ne se croit obligé de bâtir un monstre administratif pour gérer ce marché libre.

Qui plus est, il existe trois banques centrales indépendantes et trois taux de change flottant librement, ce qui permet à chaque économie de s'adapter sans effort à son environnement national et aux contraintes internationales.

Voilà qui est un peu gênant pour ceux qui soutiennent qu'une grande zone commerciale a besoin d'une monnaie unique.

Cela prouve tout simplement une fois encore qu'un marché libre n'a pas besoin d'être administré. Il a besoin de sécurité juridique, de monnaies convertibles (pas de contrôle des changes) et de tribunaux pour trancher les litiges, et donc d'une justice indépendante.

C'est tout.

Or cette évidence des deux cents dernières années irrite au plus haut point nos brillants esprits, qui savent toujours tout mieux que les autres.

Selon M. Balladur, un autre représentant de cette élite qui lui non plus n'a pas fait la carrière qu'il croyait mériter :
« Le marché libre, c'est la jungle. La civilisation, c'est de le contrôler. »

(Encore une fois, l'eau sèche, chère à nos élites. Ou un marché est libre, ou ce n'est pas un marché.)

Le raisonnement de nos non-élus s'appuie donc sur deux piliers :

- Le marché libre ne fonctionne pas de façon satisfaisante. (Ah bon ? Toute l'évidence historique et statistique prouve le contraire, mais les faits n'ont jamais obscurci le jugement des génies qui nous gouvernent.) Il doit donc être « contrôlé » (par qui ? Par eux, bien sûr).

- L'exercice de sa souveraineté par le peuple (la démocratie) ne peut être total, sans quoi le peuple pourrait faire n'importe quoi (et qui doit exercer cette amicale pression dans la bonne direction ? Eux, toujours eux, bien entendu).

Les solutions qu'ils nous proposent, les moyens qu'ils mettent en œuvre sont au pire liberticides et au mieux opaques (si quelqu'un comprend comment la Commission européenne fonctionne, de quelle façon le contrôle est exercé sur elle par le Parlement européen, et à quoi sert ce dernier « machin », comme aurait dit de Gaulle, qu'il nous écrive...).

La technocratie européenne est donc en train de nous conduire à marche forcée vers un avenir radieux. C'était déjà ce que nous promettaient Lénine et Staline.

Faire le bonheur des peuples malgré eux, vieille habitude européenne, suppose un passage, toujours temporaire bien entendu, où la liberté individuelle sera quelque peu réduite...

2.Les peuples n'acceptent des atteintes à leur liberté que s'il existe un ennemi extérieur. On va donc en créer un de toutes pièces.

Les Etats-Unis feront très bien l'affaire[22]. Il faut donc faire naître dans la population l'antiaméricanisme (cf. les

[22] On aimerait que la thèse de Jean-François Revel soit la bonne et que l'anti-américanisme ne soit que la traduction d'une faiblesse intellectuelle. Pour nous, c'est le résultat d'une volonté fort consciente de désinformation de la population.

discours sur l'hyperpuissance du ministre des Affaires étrangères de Jospin, parfait représentant de notre nomenklatura).

A ce titre, les dernières élections allemandes sont déterminantes : le chancelier a été réélu en menant une campagne grossièrement antiaméricaine. Voilà une victoire à la Pyrrhus, s'il en fut.

Ces élections outre-Rhin sonnent le glas de l'OTAN, ce qui est un des vieux rêves des vrais représentants de la démocratie, depuis le PCF jusqu 'à Le Pen, tous, comme chacun sait, farouchement attachés à la liberté individuelle.

Inutile de dire que les pays qui représentent depuis toujours la liberté individuelle et sa défense, en particulier les Etats-Unis et la Grande-Bretagne, se sentent de plus en plus mal à l'aise en face de cette Europe qui retrouve ses racines liberticides. (Tous les totalitarismes sont nés en Europe et les Etats-Unis sont le seul pays qui ait été depuis sa création démocratique.)

Et là, un petit mot de quelqu'un qui croit bien connaître les Etats-Unis et la Grande-Bretagne, l'auteur.

Les Européens se plaignent sans cesse des Etats-Unis - ce qui n'est pas nouveau et amusait plutôt les Américains.
Ce qui est nouveau, c'est le dédain, voire le mépris, que les élites outre-Atlantique commencent à avoir pour l'Europe en général, et pour la France et l'Allemagne en particulier.

Il est tout à fait évident que pour la première fois dans l'histoire des Etats-Unis, l'élite au pouvoir n'a *aucune sympathie* pour le Vieux Continent et ne considère pas que l'Amérique ait encore des raisons structurelles de rester en Europe pour la défendre.

Le but de nos technocrates européens était de détacher l'Europe des Etats-Unis.

Ils peuvent commencer à se réjouir, le travail est pour ainsi dire achevé.Voilà qui ne va rien changer à la vie de l'Américain moyen.

En fait ses impôts vont baisser si les Etats-Unis ferment leurs bases en Allemagne, ce qui suffira à rendre la mesure populaire.

Pour son homologue européen, la situation est on ne peut plus différente.

L'Europe va devoir faire face à d'immenses difficultés (démographiques, militaires, économiques, stratégiques) dans les décennies qui viennent.

Pour résoudre ces problèmes, il n'existe que deux méthodes :

- Utiliser la liberté et donc le droit, et permettre des expériences multiples : la méthode anglo-saxonne.
- Imposer des contraintes par la loi et forcer des solutions parfois au détriment du sens commun, la méthode de nos chers légistes. Or entre la force de la loi et la loi de la force, il n'existe qu'une différence minime.

Toute l'histoire de l'Europe depuis la Révolution française a été dominée par des tentatives plus malheureuses les unes que les autres d'imposer la force d'une loi à des populations disparates, depuis Napoléon, en passant par Bismarck, et en terminant par Hitler.

La solution par la force d'*une* loi n'a jamais fonctionné, et ne fonctionnera *jamais*.

Nous y sommes : à nouveau, le lit de Procuste[23] est avancé.

Cette fois, ce n'est plus un Etat, mais une technocratie transétatique qui cherche à imposer ses règles.

---

[23] Procuste était ce bandit fabuleux de la Grèce antique qui capturait les voyageurs et les allongeait sur des lits de fer. Si les pieds dépassaient, ils étaient coupés, si l'individu était trop court, on l'étirait jusqu'à ce qu'il ait la bonne taille. Seuls ceux de taille moyenne survivaient. Merveilleuse allégorie de la social-démocratie.

La crise morale, économique et financière dans laquelle nous entrons à toute vitesse a été créée de toutes pièces par leur désir d'uniformité.

Les structures de décision de l'Europe actuelle sont incapables de régler, ou même de comprendre, les problèmes qui se posent au Vieux Continent, pas plus que M. Gorbatchev ne pouvait réformer le communisme, et pour les mêmes raisons.

Régler les problèmes suppose de se débarrasser d'abord de ce qui les a créés, c'est-à-dire des structures existantes. Pour régler les problèmes russes, il fallait d'abord virer Gorbatchev...

Les technocrates au pouvoir et leur idéologie sont le problème, et attendre d'eux la solution est hilarant.

Cela revient à confier la clef de sa cave à vin à un sommelier alcoolique.

Rien dans les structures de décision actuelles ne permet de faire face à ces événements inévitables.

Cette incapacité à traiter les problèmes structurels engendrera inévitablement une énorme crise politique.
Nous entrons, sans doute aucun, dans une situation pré révolutionnaire, comme dans les précédents débuts de siècle.

L'Europe de 1820 ne ressemblait en rien à l'Europe de 1790.

L'Europe de 1920 n'avait qu'un rapport très lointain avec celle de 1890.

Il est à craindre que l'Europe d'ici à 2020 ne connaisse à nouveau des convulsions difficilement imaginables aujourd'hui...

Comme le disait déjà Raymond Aron, beaucoup d'hommes politiques de notre époque ne savent plus que *l'Histoire est tragique*.

Ils vont le réapprendre, dans la douleur, comme les Américains depuis le 11 septembre.

Nous ne parierions pas par exemple sur la survie de l'euro, sur l'existence d'une armée européenne, ou sur la construction d'une Europe fédérale.

La balkanisation d'un certain nombre d'Etats européens apparaît tout à fait possible.

La montée de luttes à caractère régional avec son corollaire de purification ethnique est d'ores est déjà inscrite dans les faits (Corse, Pays basque, Wallonie, Flandre, Italie du Nord, etc.).

Attachez vos ceintures, la météo annonce de considérables trous d'air, le pilote de l'avion est fou et pense qu'il est aux commandes d'une locomotive.

Printed in Great Britain
by Amazon

62279438R00099